警察使用强制手段法律问题探究

刘扬 著

（公安机关内部发行）

中国人民公安大学出版社

图书在版编目（CIP）数据

警察使用强制手段法律问题探究 / 刘扬著 . -- 北京 : 中国人民公安大学出版社，2021.12
ISBN 978-7-5653-4392-6
Ⅰ . ①警… Ⅱ . ①刘… Ⅲ . ①警察法 – 研究 – 中国 Ⅳ . ① D922.144

中国版本图书馆 CIP 数据核字 (2021) 第 218339 号

警察使用强制手段法律问题探究

刘 扬 著

出版发行：中国人民公安大学出版社
地　　址：北京市西城区木樨地南里
邮政编码：100038
印　　刷：北京市泰锐印刷有限责任公司

版　　次：2021 年 12 月第 1 版
印　　次：2021 年 12 月第 1 次
印　　张：11.75
开　　本：787 毫米 × 1092 毫米　1/16
字　　数：185 千字

书　　号：ISBN 978-7-5653-4392-6
定　　价：42.00 元（公安机关内部发行）

网　　址：www.cppsup.com.cn　www.porclub.com.cn
电子邮箱：zbs@cppsup.com　zbs@cppsu.edu.cn

营销中心电话：010-83903991
读者服务部电话（门市）：010-83903257
警官读者俱乐部电话（网购、邮购）：010-83901775
教材分社电话：010-83903259

序 言

一、为什么要研究警察使用强制手段的法律问题

近年来，随着一系列警察使用强制力事件引爆舆论，警察使用强制手段已经成为学界、公权机关和社会大众共同关注的焦点问题。该问题之所以会引起广泛社会关注是因为：第一，警察使用强制力关系到市民生命健康权；第二，在使用强制力过程中，警察也可能遭受伤亡，其职业风险大大提升；第三，由于害怕使用强制力后遭到媒体和社会谴责，警察在执法活动中可能会怠于履行责任、消极作为（depolicing），也就是弗格森效应；第四，事件可能导致执法资源的耗散，如伤残需要救治，诉讼程序要花费时间，鉴定、抚恤、赔偿等一系列费用需要有人承担，此外还涉及警察机关人事及训练方面的改革；第五，也许是最重要的一点，过度的、不必要的尤其是致命武力的使用，会引发公众对警察执法公信力的质疑（Daniel P. Mears，2017）。

梳理现有文献可发现，对警察使用强制手段的研究大致可归纳成如下几个角度：第一，规范研究，或曰追寻应然之法。该类研究大多从现有的法律规范文本入手，描绘制度现状、查找问题、做出分析和反思、给出完善立法建议。如《警察武力之“善法良治”——论警察武力权与人权的价值冲突及基本调适原则》（荆长岭，2015）。第二，技能战术研究，探寻警察使用强制手

段的技战术如何运用，才能保证安全完成既定执法任务。如《武器使用中的“先发制敌”探析》（郭林，2019）。第三，教学训练研究，从公安教育和警务实战训练角度入手，探讨如何改进教学理念和训练方法手段才能提升训练效能，更好地服务实战。如《我国警察强制手段使用训练的“三段式”模式》（尹伟、孔炜良，2013）。第四，实证研究，揭示警察使用强制手段过程中到底发生了什么，警察为何以及如何使用强制手段。如《搜索策略对警察武器使用决策能力影响之实证研究——基于实战下的时间压力视角》（李耀光、常小龙，2019）。第五，个案研究，从具体个案切入，将上述研究做一个综合分析，“以小见大”。如《对一起民警使用武器事件的评析》（张兵，2010）。

多角度的研究深化了我们对于事物的认识。但不可否认的是，在这些视角之中，法律的视角是处于基础地位、提纲挈领的。人们可对警察使用强制手段持多面评价，然而大家最关心的还是“是否合法”。任何一本警察强制手段技能的教材都会在开篇明确相关法律依据。警务实战教师在教授技能方法和动作要领前，也都会宣讲使用该技能的法律前提，哪怕他所学有限、只能叙述法条。与基层民警交流可发现，他们最关心的问题是“这种情况下我能用（强制手段）吗”，却很少有民警问“我应该怎么用”。就连那些操持着大数据本领的实证研究者在一连串分析数据、得出结论之后，还是要给出制度上的建议。笔者并非是在贬低其他研究可有可无、唯法律研究独尊，而是提倡一个实事求是的态度。既然法律研究已经全覆盖式地辐射到其他研究中去，既然我们从任何角度谈论警察使用强制手段都无法回避法律问题，那么干脆就让我们从法律问题谈起。

二、本书将研究哪些法律问题

警察使用强制手段的法律问题是一个抽象的命题，我们应从何谈起呢？笔者拟将其分解成九个学界尚存争议且有实用价值的问题，展开本书的探讨。

（一）概念界定

认识事物首先从概念的界定开始。本书开篇就回溯了从“警械”到“强制手段”的概念嬗变过程，借此阐明警察强制手段的内涵与外延。与此同时，单一的角度往往难以呈现事物全貌，我们还可以在此事物与彼事物的差异和对照之中，不断深化我们的认识。因此，本书在第一章中将对“强制手段”“强制措施”“处置措施”“武力”这几个概念做横向比较，明晰其区别与联系。在澄清谬误歧义、明确本书研究对象的基础上，对基层民警使用警械武器以外器材等几个现实问题进行探讨。

（二）行为定性

在界定概念和研究对象之后，本书第二章将围绕学界争议已久的两个基本理论问题——警察使用强制手段的行政行为类属和违法阻却事由进行探讨。在行政法方面，警察使用强制手段属于直接强制、即时强制还是直接强制与即时强制的混合，抑或纯粹物理行为？在刑法方面，警察使用强制手段毕竟会侵犯公民人身自由尤其是生命健康权，其行为的正当性源自何处，是正当防卫、紧急避险还是依法令行为？或曰，警察使用强制手段在刑法上的违法阻却事由是什么？在梳理前人观点的基础上，笔者将与读者分享一些自己的浅见。

（三）体系重构

哪些“法”可为警察做出强制手段裁量提供依据，为法官解决相关争议树立标准？本书第三章首先对警察使用强制手段的法律渊源做一个系统性的梳理。在此基础上，介绍世界上较有代表性的几个国家在该领域的立法经验。在比较法视野下查找我国相关法律规范体系存在的问题，如授权规定缺位、有违法律保留原则、条文间冲突矛盾等。最后提出重构我国该领域法律规范体系的进路。

（四）原则应用

法律原则内嵌了道德和正义的重量，它导引着人们真诚地尊重和信仰法律。毫无疑问，警察使用强制手段法律规范体系中也存有为各国公认的法律原则。这些法律原则何以为警察使用强制手段法律规范体系所必需，或者说他们自身有着怎样的独特属性？我们如何“慧眼识珠”地发现那些法律原则，如何精确阐释这些原则的精深内涵，并发掘它们的规范作用？满足何种条件我们才能适用这些法律原则去解决疑难案件，做出裁量的方法论又是什么？本书第四章将围绕法律原则的适用探讨上述问题。

（五）条件改造

使用强制手段的法律条件处于法律原则和法定情形的中间地带。他既不像法律原则那样抽象和具有弹性，也不像法定情形那样具体和情境化。应该说，这些法律条件在违法犯罪行为与相应层级或种类的强制手段之间，建立了一种比较粗略的涵摄关系。正因如此，在执法实践中，民警更依赖法律条件而不是具体的情形。不同法域对这些法律条件作出了不同的规定，如何认识和评价这些规定，什么样的制度安排才算合理，本书第五章将在这些问题之间做一些探讨。具体包括，从客观上如何处理违法犯罪行为与强制手段之间的对应关系；从主观上对违法犯罪行为形成何种程度上的认识才能使用强制手段；从程序上如何看待口头警告和鸣枪警告之间的关系。

（六）情形解释

执法以理解法律为基础，如果警察错误地解释法律就可能做出错误的执法行为。如果警察对法律不知应如何理解，则会被动消极、不知如何作为。使用强制手段的法定情形本应该提供具体明确的情境，遗憾的是警察往往不知应对这些情境作何解释。一定要对警察使用暴力才能构成暴力袭警吗？强行冲越警戒线就要对警察使用暴力吗？暴力抗法、暴力袭警仅限于对警察的人身打击和伤害吗？如何理解抢夺、抢劫枪支、爆炸等危险物品危及公共安全？回答这些问题就需要对相关法律条文进行解释。本书第六章将与读者一起寻求上述问题的合理解释。

（七）程序落实

使用强制手段也应追求程序正义。在我国《人民警察使用警械和武器条例》《公安机关人民警察现场制止违法犯罪行为操作规程》《公安机关人民警察佩带使用枪支规范》中已有相关程序规定，然而这些规定如何在警务实践中执行和落实却是一个较复杂的问题。因为其中不可避免地要触碰实战技能、战术、指挥甚至心理问题。有时研究者们会就警察使用强制手段做纯规范的研究，有时研究者们会做纯粹的技战术研究，却鲜有将二者结合探讨的。这就很难说清程序性规定如何通过警察的执法行为落实，这些行为又有着怎样的正当性和风险。因此，本书第七章将强制手段的使用分割为几个步骤，探讨每个步骤的规定如何与指挥决策、技战术运用、执法语言运用等要素相结合，最终产生实际执法效果。

（八）公正审查

警察使用强制手段事件发生后，应开展调查与审查工作。调查是为了查清事实、还原真相，而审查则是为了给事件定性、视情追求责任。我国在这方面的制度建设并不完善，《人民警察使用警械和武器条例》中的规定不够具体、缺乏操作性。实践中的处理更多是参照《刑事诉讼法》相关规定，没有突出事件的特殊性。审查更是面临制度缺失的尴尬。为保证调查和审查公平公正进行，本书从以下问题入手，构建起彰显正义的调查和审查制度：调查主体的组建，调查程序的启动和细化设置，调查报告的规范标准，审查机构的组成与权限，审查内容和强度的把握，审查标准的重建。

（九）责任界分

如果说合法使用强制手段是警察应负的第一性义务，那么违反这种义务，警察就应负相关的法律责任。或者我们可以问，警察违法使用强制手段，应负什么样的第二性义务。什么样的情况只涉及行政责任，什么样的情况又将面临刑责，何种条件下会产生国家赔偿义务？在司法实践中，确有违法使用强制手段情形相似，但审判结果却相去甚远的判例，如何杜绝和避免同案不同判。尤其是民警可能超出法定情形使用强制手段，还可能超出法定限度使用强制手段，或者违反法定程序使用强制手段，他们面临的刑事责任有何不同？成立故意伤害 / 杀人罪，还是过失致人重伤 / 死亡罪，抑或滥用职权罪、玩忽职守罪，如何界分？这些都是司法审判中面临的争议问题，而学界却仿佛在有意地回避。

三、如何研究这些法律问题

本书力求从实用的角度出发探讨警察使用强制手段相关法律问题，拟采用以下方法：首先，将理论与实践相结合，通过体系、学说与街头执法实践的相互对照，向读者坦诚地呈现该领域现存问题，探寻能够落地的对策建议；其次，将国内与域外相结合，不拘于一国一家之学说，在不同法域立法经验的互鉴基础上，展示制度与文本全貌；再次，将法理与实战相结合，在厘清法律原则、条件、程序之后，探讨如何运用警务指挥、技能战术、执法策略等要素在执法实践中落实上述法律要求；最后，将传承与创新相结合，系统梳理现有文献，在不同观点的交流和交锋中渐次陈述作者的研究发现。

目　录

第四章　警察使用强制手段的法律原则探寻与适用方案

第五章　警察使用强制手段条件的比较法分析与改造

第六章　警察使用强制手段情形的解释与完善

第七章　警察使用强制手段的程序落实

第八章　警察使用强制手段的调查与审查机制构建

第九章　警察使用强制手段的法律责任界分

参考文献

第一章

警察强制手段的概念界定

任何研究都应有其明确的研究对象。本书欲研究警察使用强制手段中的相关法律问题。然而，何谓“强制手段”却并不是一个容易说清的问题。无论在学术研究还是警务实践中，“强制手段”与“警械”“武器”“武力”“处置措施”“强制措施”这些概念经常裹挟在一起。研究者们经常指代不明、表意不清。基层民警则对使用自购警棍、催泪喷射器、镐把执法是否属合法的强制手段心怀疑虑。因此，笔者尝试梳理相关学术史，在中外文献之间进行对比，从而对上述容易混淆的概念进行辨析。在此基础上明晰研究对象，划定研究范围。

一、概念溯源：从警械到强制手段

仔细梳理学术史可发现，我国有关强制手段的法律规范表述经历了“警械”整体表述—“武器和警械”分开界定—“强制手段”整体表述的流变。此后又有“处置措施”的变化和对“武力”的借鉴。

（一）警械

有关警察在执行公务中使用强制力的法律规范可追溯到满清末年创建中国现代警察制度之初，当时并没有“强制手段”这一表述。光绪二十八年（1902年），直隶总督袁世凯仿效西法奏请创建保定警务局、增设警务学堂。在其拟定的《保定警务局章程暨警务学堂章程》中，首次将巡警携带的棍、刀、枪统称为“警械”。该章程第二章“局制”第四节“警械”曰：“凡巡兵站街理应带刀。现在措备不及，拟暂时持棍，名曰‘警械’，计三尺六寸。枪存局内，以备操练。”

1914年，在袁世凯统治下的北京政府以“大总统教令第二十九号”公布实施了《警械使用条例》。其中第2条明文规定，“警察官吏执行职务时所用之警械如左：一、棍；二、刀；三、枪……”。其后很多地方法规也都采用了该条例对警械的界定范围。例如，1929年出台的《上海特别市公安局警械使用法》和

1931年出台的《青岛市公安局警械使用暂行简则》。国民政府成立后，虽然对该法进行了修正，但警械的用法依然未异其意。在我国台湾地区，这个概念一直被沿用至今[①]。

（二）武器和警械

中华人民共和国成立后，在1957年公布实施的《人民警察条例》中就有关于使用强制手段的表述。该条例第6条规定，“人民警察的权限如下：……（四）人民警察执行职务遇有拒捕、暴乱、袭击、抢夺枪支或者其他以暴力破坏社会治安不听制止的紧急情况，在必须使用武器的时候，可以使用武器；……”。1979年公布施行的《逮捕拘留条例》第9条规定：“执行逮捕、拘留任务的人员对抗拒逮捕、拘留的人犯，可以采取适当的强制方法，在必要的时候可以使用武器。”虽然上述两条例对“强制方法”和“武器”的内涵与外延未做更多说明，但我们依稀看到了武器作为与警械相区分的概念被提出来。

1980年经国务院批准，公安部公布实施了《人民警察使用武器和警械的规定》。其中第2条规定：“人民警察在执行逮捕、拘留、押解人犯和值勤、巡逻、处理治安事件等公务时，可以根据本规定，使用武器和警械。武器和警械是指：枪支、警棍、警笛、手铐、警绳和其它警械。”从“武器和警械”的表述来看，当时我国法律规范已经明示了两个概念得以并列存在。

改革开放以后，社会治安状况和犯罪行为呈现出新的态势：一是持枪杀人、抢劫、武装走私、贩毒等严重涉枪犯罪升高；二是非法集会游行示威、骚乱、暴乱、聚众打砸抢烧、械斗等治安突发事件明显增多；三是暴力抗法、暴力拒捕、暴力袭警类型案件高位运行。在此背景下，公安部于1988年开始就使用警械、武器问题进行调研，着手拟定《人民警察使用警械和武器条例》。在1992年1月的专家论证会上，“武器和警械两概念并存”的提法为《人民警察使用警械和武器条例（征求意见稿）》所采纳。与会专家认为，应在原《警械使用条例》的

---

① 台湾“警械使用条例”第1条第1项规定，“警察人员执行职务时，所用警械为棍、刀、枪及其他经核定之器械”。

名称中把“武器”写进去，因为在执法实践中使用武器最受争议。如能在名称中将武器与警械进行区分，会有内容明确、突出重点的作用。与此同时，也可以与1980年的《人民警察使用武器和警械的规定》形成制度上的延续。

此后，在广泛调研、征求意见、借鉴域外立法经验的基础上，形成《人民警察使用警械和武器条例》（以下简称《条例》），并于1996年1月8日经国务院第41次常务会议审议通过，由国务院令第191号公布施行。《条例》第3条规定：“本条例所称警械，是指人民警察按照规定装备的警棍、催泪弹、高压水枪、特种防暴枪、手铐、脚镣、警绳等警用器械；所称武器，是指人民警察按照规定装备的枪支、弹药等致命性警用武器。”

（三）强制手段

除了明确区分警械和武器之外，《条例》第2条规定：“人民警察制止违法犯罪行为，可以采取强制手段……”这是我国法律规范第一次明确提出“强制手段”这一概念。在《条例》释义中，当时公安部法制司参加《条例》起草工作的几位专家对强制手段的含义进行了解释。“强制手段是指人民警察为制止违法犯罪行为而对违法犯罪行为人的人身采取的直接强制方法，包括对违法犯罪行为人实施的人身打击或者约束。强制手段包括人民警察通过人体的作用力而实施的强制，即徒手强制（如徒手擒拿、徒手格斗等）和使用警械和武器实施的强制，也包括使用非规定的器械而实施的强制。”①

虽然《条例》规范和调整的对象是人民警察使用警械和武器行为，但它依然肯定了强制手段存在的必要。诚然，使用警械武器对公民权益的侵害性更为明显、可能造成的伤亡更为严重，但此二者无法涵盖警察使用强制力的全部内容。只是《条例》作为有关警械、武器使用的一般法，无法囊括使用徒手强制和使用非规定的器械进行强制的条件、时机与程序等问题，但强制手段的提出也为后续立法的细化和深入留出了空间。

---

① 王学林．中华人民共和国人民警察使用警械和武器条例释义．警官教育出版社，1996：20.

《条例》的实施一定程度上规范了人民警察使用警械、武器行为，然而也有新的问题出现。有的民警被动消极、不敢依法果断采取处置措施，造成了不应有的伤亡和损失；有的民警法治观念淡薄，滥用处置措施，结果侵犯了公民合法权益。这些问题的存在，折损了公安机关的执法公信力和执法权威，也阻滞了国家法律的贯彻与实施。为进一步规范公安民警现场制止违法犯罪行为活动，维护法律尊严与权威，公安部制定下发了《公安机关人民警察现场制止违法犯罪行为操作规程》（以下简称《规程》）。《规程》第 14 条规定，“本规程所用术语的含义如下：处置措施，是指公安民警为现场制止违法犯罪行为而依照本规程采取的强制手段，由轻到重依次为：口头制止、徒手制止、使用警械制止、使用武器制止”。

由上述规定可发现，《规程》在称谓上将“处置措施”与“强制手段”等同起来，但二者涵盖的范围又有所变化。此外，还有研究者和民警将“强制手段”和“强制措施”两个概念等同起来混用。随着我国不断学习西方发达国家立法经验，“警察武力使用（police use of force）”一词也常常见诸报端。于是，“强制手段”“强制措施”“处置措施”“武力”这些表述往往被混淆，其中的随意使用、指代不明阻碍了学术探讨，也影响了警务实践的开展。

二、明确研究对象：“强制手段”并非“处置措施”或“武力”

笔者认为有必要对强制手段相关概念进行梳理辨析，一来正本清源、澄清谬误，二来明晰本书的研究对象，界定相应研究范围。

（一）强制手段与处置措施辨析

如前文所述，“处置措施”和“强制手段”可谓是既相联系又有区别的两个概念。《规程》肯定了处置措施就是强制手段，二者都包括使用徒手、警械和武器制止违法犯罪行为。不仅如此，以《条例》为指导思想，《规程》还进一步纳入了口头制止。这一变化的原因可能有两个，一是来自西方国家和我国香港地区相关法律规范的启示，那里都把口头制止也看作一种武力，对相对人来说确实具有一定的强制作用和意味；二是在面对镜头执法已成常态的新时期，对民警的执法语言运用进行规范已经成为规范化执法的实际需求。

表面上看，《规程》中对处置措施只例举了口头制止、徒手制止、使用警械制止、使用武器制止四种，并未包含使用非规定器械。然而，值得注意的是，《规程》第28条规定了使用警械的替代措施："符合使用警械条件，但是现场没有警械或者使用警械可能造成更为严重危害后果的，公安民警可以使用除武器以外的其他物品对违法犯罪行为人进行控制。"虽然我们无法通过文义解释得出"使用其他物品也在处置措施之列"的结论，但我们可以运用体系解释对《规程》进行整体审视，进而得出上述结论。这样看来，《规程》中作为使用警械替代措施而存在的使用其他物品与《条例》中使用非规定的器械可谓异曲同工。

经过比较可以发现，处置措施与强制手段的主要区别就在于口头制止。易言之，处置措施的范围要大于强制手段的范围，大于的部分即口头制止。这样一来便出现了矛盾。一方面，《规程》承认处置措施就是强制手段；另一方面，处置措施的范围又大于强制手段的范围。笔者并非是反对引入"处置措施"这个新的概念，问题是引入处置措施后又非要将其与强制手段扯上关系，这就未免显得多余。因为，这种变化引起了法律规范的前后表述不一致甚至是混乱。

其实处置措施大可不必非要生搬硬套地与强制手段发生联系。考证词义可发现，处置有"安排、处理；处罚、惩治；对付、应付；决断；办法"[①]五种释义，其含义甚广。而强制则只限"勉强、强迫"之意，系"用某种强迫的力量或行动对付阻力或惯性以达到压迫、驱动或影响"[②]。《条例》释义已经申明，强制手段是对违法犯罪行为人的人身采取的直接强制，是表现为打击或约束的实际力量。这与运用口头制止时，以语言表达为手段，进而通过心理压力产生的强制截然不同。因此，《条例》释义将强制手段的范围限定在使用徒手强制、警械、

---

① 详见：百度汉语 . https：//dict.baidu.com/s?wd=%E5%A4%84%E7%BD%AE&device=pcfrom=home#detailmean.

② 详见：百度汉语 . https：//dict.baidu.com/s?wd=%E5%BC%BA%E5%88%B6&from=zici#detailmean.

武器和非规定器械的范围内，其表述是十分恰当的。

反观处置措施的用语则显得不是那么准确。《规程》对公安民警现场制止违法犯罪行为的若干环节进行了规范，除了其明示的几种处置措施外，还有救治伤员、保护现场、收集证据、实施人身安全检查、扣押和收缴违禁品等一系列措施。其实这些工作都应属民警为履行职责而实施的处置措施，实在不宜将处置措施限制在强制手段的狭窄范围内。笔者建议，对《规程》中的处置措施取扩大解释，除了强制手段和口头制止以外，进一步囊括救治、警戒、保护、收证、扣押和收缴等措施。这样一来，处置措施的内涵便能与外延更加适洽地匹配对应，我们也能更清楚地区分处置措施与强制手段的不同之处。

（二）强制手段与武力辨析

我国现行的警察使用强制力相关法律规范之中并未见“武力”这一表述。“武力”一词确系由西方引入，而为我国研究者所熟知，则是因香港警察的“武力使用课程”。笔者也将从这两方面对武力一词进行追本溯源的考证，以求更准确地获得其本意。

在《朗文字典》中，对 force 一词的解释有如下几重含义：“一是军队或军方行动；二是借助暴力或身体力量达成目的；三是自然力，如地震、洪水等；四是经训练的、有组织的团体在工作中展现出的综合力量，例如销售能力和教学能力；五是人或事物的强大影响力。”[①] 从上述解释中可发现，第二、四、五项与警察武力息息相关。在警务实践中，警察武力可表现为借助暴力和身体力量而形成的有型强制力（如二所言），也可以是经由执法语言或行为而传递出的无形的心理压力或意志上的影响力（如五所言），更可以是由团队—训练—装备—技战术有机结合而生成的综合警力（如四所言）。面对警察武力多样的表现形式，国际警长协会（International Association of Chiefsof Police，IACP）将其概括为“警察用以迫使不服从的嫌疑人屈从而采用的所有手段的总和”，可谓高度凝练。

美国法律法规只对使用武力做原则性的规定，而真正对警察使用武力实践

① 详见：朗文在线 https：//www.ldoceonline.com/dictionary/force.

操作起到规范指引作用的是各个地区警局制定的《警察手册》。例如，辛辛那提警察局《警察手册》12.545 use of force一节将可供选择的武力例举如下，“警察出现、口头控制、徒手控制、使用中级武器[①]、致命武力”。如果说其中的徒手控制、使用中级武器和致命武力能够与我国强制手段中的徒手强制、使用警械和武器一一对应，其警察出现和口头控制两项内容则明显超出了我国强制手段的范围。此二者并非强制手段欲表达的“借助或延伸身体力量而发出的强制力量”，而表现为警察以警容和语言施加于相对人的心理影响，乃是一种无形强制。

再来考察我国香港地区的武力使用课程以寻求关于武力的解释。关于“武力”的含义，香港警察机动部队警官先修班“武器及枪械训练单元”讲义及香港警察学院学警基本训练课程第十一单元课题一“枪械及武力的使用”的课程讲义分别从字面及内部规范双重角度对“武力”做出了阐释。两份讲义提到，“武力不仅传达了以身体力量控制或使用武器等传统意思，更包括思想上的影响”。与此同时，两份讲义都援引了香港《警察通例》FPM29 — 01、29 — 02两条关于警察武力的规定。《警察通例》中的武力包括了警察出现、设立铁马阻隔、口头指令、召唤增援、温和徒手控制（压点控制、押解位置、押解手腕锁）、快速上铐、使用胡椒喷剂、强硬徒手控制（掌跟击、震击、膝撞、前踢、侧踢）、押解手腕锁压倒、直臂压倒、手扣压倒、使用警棍、使用枪械等不同程度的一系列方法与技巧。除了警察出现、口头指令外，香港警察把“心理和思想上之强制力”范围又扩大到设立铁马和召唤增援。

可见，无论美国还是我国香港地区的武力都与我国内地的强制手段有着内涵和外延上的差异。差异在于是否将“心理和思想上之强制力”纳入规范的范围。遗憾的是，在中国知网以“警察武力”为主题词进行检索共得到114篇文献，除10余篇以西方、香港武力与我国内地比较研究外，很多文献都将武力一词等同于我国的强制手段使用，而真正使用“强制手段”这一表述的文献却只有6篇。笔者呼吁，在学习借鉴的同时，研究者还应注意学术对话的规范性。毕竟，“强

---

① 中级武器（Intermediate weapons）是指使用非致命的化学、电击或其他能够对人体产生击打力量的装置。详见：https：//en.wikipedia.org/wiki/Use_of_force.

制手段”才是我国法律规范性文件中关于警察使用强制力的官方表述。如果研究者们想突破强制手段的范围，将口头制止等“心理和思想上之强制力”纳入一同研究，不妨使用处置措施这一术语。如此一来，大家皆明对方所指、消除歧义，又与现行法律规范表述保持一致，避免立法者与研究者们自说自话。

（三）强制手段与强制措施辨析

在文献综述中，笔者发现很多研究者将“强制手段”误用为行政法上的“强制措施”。在实践中，也能屡屡发现民警使用“别动、否则使用强制措施”这样的警告方式。两个概念的混淆影响了学术研究中的准确表意，也有碍于民警执法语言的规范运用。因此，应对上述概念误用加以澄清。

我国《行政强制法》第2条将行政强制措施规定为，“行政机关在行政管理过程中，为制止违法行为、防止证据损毁、避免危害发生、控制危险扩大等情形，依法对公民的人身自由实施暂时性限制，或者对公民、法人或者其他组织的财物实施暂时性控制的行为。”并在第9条中例举了五种行政强制措施，分别是，“（一）限制公民人身自由；（二）查封场所、设施或者财物；（三）扣押财物；（四）冻结存款、汇款；（五）其他行政强制措施”。

姜明安教授认为，除例举中的类型外，行政上的即时强制和行政调查中的强制都属强制措施范畴。其中即时强制是指，“行政主体根据目前的紧迫情况没有时间发布命令，或者虽然有发布命令的时间，但若发布命令便难以达到预期行政目的时，为了创造出行政上所必要的状态，行政主体不必以相对人不履行义务为前提，便可对相对人的人身、自由和财产予以强制的活动或者制度”[①]。根据强制标的不同，可将即时强制分为：“（一）对人身及人身自由的强制。强制隔离、强制治疗，以及《人民警察法》第9条的盘问、检查、留置，该法第14条的保护性约束措施，第15条的交通管制、第17条的现场管制和强行驱散等。（二）对住宅、事务所等进行的强制。直接进入住宅或者商店进行检查、搜查以

① 姜明安．行政法与行政诉讼法（第六版）．北京大学出版社、高等教育出版社，2015：282.

及审计部门的监督和检查。（三）对财产的强制，当场查封、扣押、冻结等。”[①]

从“为制止违法行为、控制危险扩大等情形”的表述来看，强制手段与强制措施在目的与适用情形方面的确具有共性之处。从目的上看，使用强制手段本身就以制止违法犯罪行为（而不是以杀伤相对人）为追求，这也是这一执法行为本身获得正当性的主要理由。在公安执法工作中，运用强行带离现场、强行驱散等即时强制也是为了在群体性事件处置和大型活动安保现场迅速平息事态，制止违法犯罪行为。二者的运用时机都可能是在出现故意伤害他人、聚众冲击打砸、堵塞交通等紧迫情况之下。即便如此，我们仍应明确二者的区别之处。

首先，二者性质不同，分属不同种类的行政行为。行政行为以是否具有法律效果为标准，可以分为行政法律行为和行政事实行为。行政强制措施能够设定、变更、消灭特定相对人的权利义务，因而是一种行政处分，具有法律上的约束力。例如，警察遇可疑人员依据《人民警察法》第 9 条规定实施盘查，即是对相对人的人身自由权进行了暂时的限制，同时也课以对方配合盘查的义务。而强制手段除了具有行政法律行为的属性外，还可以作为行政事实行为而存在。其详细论证在第二章中还会述及。

其次，二者强制的对象范围有所不同，行政强制措施的强制对象大于强制手段的强制对象。从《行政强制法》第 9 条的例举可见，行政强制措施的对象可以是人身，如盘查和保护性约束，也可以表现为场所，如查封涉案场所或行政调查中强行进入现场检查，还可以以财务为对象，如扣押财务、冻结存款。反观强制手段的使用对象，则只限于相对人的人身。

最后，二者往往呈目的与手段关系。行政强制措施确有改变权利义务关系，影响相对人法律地位的功能，然而该功能往往要借助具体有形的“实力”来实现。例如，强行带离现场是一种即时强制，他直接影响相对人的人身自由权利，相对人未必心甘情愿地配合。这就需要民警在实施过程中运用腕肘锁带离或直臂带离技术，这种徒手技术就是强制手段，其运用就是为了落实行政强制措施安排

---

① 姜明安．行政法与行政诉讼法（第六版）．北京大学出版社、高等教育出版社，2015：282.

设定的权利义务。再如，强行驱散是一种强制措施，而为了落实该措施用防爆枪发射催泪弹就是使用强制手段了。

（四）本书以强制手段为研究对象

在区分“强制手段”“处置措施”“武力”“强制措施”四个概念基础上，笔者选择强制手段作为本书研究对象，缘于以下几点考虑：

其一，如前文分析，强制手段是我国法律规范文件中的正式官方表述，但国内目前却未见关于使用强制手段相关法律问题的系统论述。虽然有关公安行政强制的著述已经颇丰，但这些成果更多侧重对公安行政强制措施和行政强制执行的研究，而缺乏以强制手段为对象的针对性研究。例如，《公安行政强制的适用与规范》《行政强制法释义与典型警察行政强制案例评析》《交通警察行政强制》《警察行政强制的理论与实践》等。

其二，本书并不打算涉及口头制止相关研究，用“强制手段”一词恰能将其排除在研究范围之外。虽然《规程》将口头制止列于处置措施之中，又将处置措施与强制手段等同，但应注意的是《条例》早已使用强制手段这一概念。一方面，《条例》属行政法规，而《规程》为公安部下发的内部规范性文件，《条例》位阶高于《规程》，故《规程》无权对《条例》中的强制手段做扩大解释；另一方面，《条例》起草者已经通过《条例》释义明确解释了强制手段的范围，将其限于徒手强制、使用警械、武器和非规定器械四种之内。虽然《条例》释义不是出自国家行政机关的解释，不具有法律约束力，但它依然构成一个重要的学理解释。

其三，本书欲研究可能对公民人身自由权尤其是生命健康权构成“直接侵害”的强制手段。随着“雷洋案”“王文君案”“张磊案”等一系列标志性案件引爆舆论，使用强制手段的法律问题已成为学界最为关注的敏感议题之一。虽然国内学界近年来更倾向于使用“武力”一词，但其涵盖范围甚广。口头制止、召唤增援、设立铁马，这些通过施加心理影响而达成的无形强制终究不会直接影响相对人生命健康权，故本书将研究对象明确限于强制手段。

三、对几个实务问题的界定

在辨析强制手段、武力、处置措施、强制措施等几个易混淆概念的基础上，本书明确了以强制手段为研究对象，貌似已经廓清了研究的内涵与外延。但一则来自我国台湾地区的现实案例提醒笔者，对于几个实务问题仍应交代清楚。

台中市警察局第四分局在执行专案勤务时，担任分局长随从工作的巡佐（兼任该分局常年训练术科技术教官），为避免分局长遭受人群侵害并协助其脱困，用私自携带的防身辣椒喷雾向攻击分局长的民众喷射。此举造成员警与民众眼睛不适。该局以违反“警察机关强化勤务纪律实施要点”第 7 条第（2）项“不依规定携带，属严重违反装备纪律”为理由，对涉事员警记过一次并免除兼任技术教官职务。

此案给我们带来的思考是，警察执法执勤时虽应依规定携带装备器材，但若配发装材因功能或质量所限无法应付个案处理时，民警是否可以携带、使用非统一配发装材。在教学中，也常有基层民警提问，是否可以自购质量更优越的催泪喷射器和警棍使用，甚至使用镐把等民用器具。这些都是需要理论界回答的现实问题。虽然《条例》释义将民警使用非规定器材视为强制手段的一种，并将非规定器材解释为“除人民警察依照规定装备的警械和武器以外的由人民警察根据现场情况和本人携带物品情况，可以当场获取和利用用于攻击或者约束违法犯罪人员人身的物品”。但我们不能当然地认为，民警使用自身携带或现场能够获取利用的所有物品都是合法的强制手段。笔者将民警使用非规定器材分成如下几种情况分别讨论。

（一）使用地方公安机关统一配发的装备器材

我国幅员辽阔，各地治安状况有很大差异，城市与农村执法环境相去甚远，这些因素决定了公安部统一配发的警械武器往往难以满足执法实际需求。面对纷繁复杂的执法情境，各地公安机关往往会求助于使用各种非规定器材制止违法犯罪行为，保障民警自身安全。

例如，在我国反恐斗争的最前沿，新疆各地公安机关广泛配发了组合警棍。

该装备可变换出普通警棍、加装圆柱钝刺攻击部件、加装三棱刺刀攻击部件、二支警棍连接加装三棱刺刀攻击部件等四种攻击模式。[①] 其性能优势在于，不仅能达到压制暴恐分子、制造安全距离的战术效果，加装三棱刺刀攻击部件后，还能代替枪支弹药在人群密集场所使用，避免伤及无辜群众。在调研中笔者发现，虽然组合警棍已是经过反恐战场考验的利器，但部分民警还是会表现出“是否符合武器警械使用条例”的担忧。

上述担忧反映出，广大基层民警的法治观念与政治意识正在不断提升，但也大可不必对这些应运而生的新型装备谈虎色变。只要经过严格的报备与监管制度，我们完全可以承认使用这些装备的合法性。笔者建议从以下几个方面切入进行管理：

一是地方公安机关向公安部提出拟配发装备请示，并从配发必要性、技术指标、应用情形、存在的风险等方面对该装备进行详细介绍。配发必要性分析应阐明现有警械武器存在哪些局限，拟配发装备如何能弥补这些局限，其实战价值如何。技术指标应详述外观规格、工作环境、可靠性（抗击打程度、经受破坏性试验、反复使用等参数）、作用机理（机械、电气、气动、化学）等参数。重点论证拟配发装备的使用情形，这也是地方公安机关对使用该装备的一次自我审查。

例如，组合警棍作普通警棍时适用于制止殴打他人或一般暴力抗法，加装圆柱钝刺攻击部件则可在控制骚乱、暴乱人群时使用，而加装三棱刺刀攻击部件则仅限于嫌疑人行凶、暴恐分子砍杀群众或民警等危及在场人员生命安全时使用。当然，这种审查完全可以借鉴比例原则。最后应谨慎评估使用该装备可能发生的风险，但不能因为风险的客观存在就因噎废食。美国警方有使用泰瑟枪致人死亡的案例，但这并不阻碍该装备继续在一线使用。

二是公安部应组织专家对配备新增装备申请进行审查评估。评估组应由法制、人事训练、装材、治安（危险物品管理）等方面专家组成。审查评估应采取实地调研执法环境、听取申请汇报、模拟演示、实验测试、书面审查相结合的方

---

① 铁血网 . 新疆防暴利器组合防暴棍和防暴盾牌 .http: //bbs.tiexue.net/post2_8448465_1.html.

式进行，综合评估配发新增装备的必要性与可行性，并给出审查评估结论。通过审查后，由当地省级公安机关报公安部备案。此后，当地公安机关可以制定内部规范性文件，将新增装备作为非规定器材规范其配带与使用。

三是构建警械武器种类动态增补与退出机制。《条例》颁布实施之时，公安机关并未配发警用催了喷射器。然而，随着该装备的问世并在一线执法中逐渐发挥作用，现已成为民警常备常用的驱逐、制服性警械。问题是，我们应通过制度设计赋予这种“后来居上”的警用装备以合法地位，同时为那些已经明显不能适应执法需求的装备创建退出机制。这就要求警械武器的种类应在行政弹性与统一规定之间保持必要的张力。建立警械武器种类动态调整机制将是理想的选择。通过动态增减警械种类将装备器材科技发展的最新成果及时且正当地纳入列装，帮助警察依法高效地完成执法任务。具体可由国务院授权公安部制定出台《警械武器类目表》。各地拟配发的防暴器材经申请、审查评估、通过审查、报备等程序后，可列为试点进入试用期。在试用期证明质量性能可靠、使用情形符合比例原则的地方配发器材，公安部可将其纳入《警械武器类目表》，由公安部统一制定标准监制并在全国推广。各地公安机关也可以免去违法使用强制手段的困扰，敢于依法使用。

上述动态增减警械种类制度，能保证及时将装备器材科技发展的最新成果及时且正当地纳入列装，帮助警察依法高效地完成执法任务。我国大陆地区应积极借鉴我国台湾地区规定，由国务院授权公安部制定出台《警械武器类目表》。各地拟配发的防暴器材经申请、审查评估、通过审查、报备等程序后，可列为试点进入试用期。在试用期证明质量性能可靠、使用情形符合比例原则的地方配发器材，公安部可将其纳入《警械武器类目表》，由公安部统一制定标准监制并在全国推广。各地公安机关也可以免去违法使用强制手段的困扰，敢于依法使用。

（二）使用民警自购的防暴产品

在教学中，常有基层民警向笔者提问，是否可以自购质量更优越的催泪喷射器和警棍携带执勤，对使用这些自购防暴产品应如何评价。这些自购防暴产品自然无法符合公安部关于警械武器的制造配发的统一标准，不能将它们认定为警械，应属于非规定器材。虽然使用非规定器材也属强制手段的一种，但对其携带则又是一个不同的问题，应分开来探讨。

假设在接处警中，一民警在警告无效后，使用自购的警棍击打正在以拳头殴打他人的行为人，及时制止了更严重的侵害，如何评价此行为的合法性呢？为达到使用强制手段及时制止暴力侵害，保护合法权益的目的，我们自然应考虑相关装备器材的打击、制停和约束等方面的实战效果。同时，为避免不必要的伤亡、充分保障人权，装备的安全性和可靠性也是应考量的重要因素。只要使用目的正当、使用程序规范、使用条件情形符合法律规定、未超过必要限度——如对上文所述案件我们可以比照使用警棍相关法律依据评价其合法性——则可以将民警自购装备纳入依法使用非规定器材，承认其合法性。但这并不等于我们要鼓励和提倡民警纷纷自购装备。

令人担忧的是，如果我们放纵民警自购替代器材，届时，各种非规定器材纷纷出笼，可能发生恶性后果。例如，可能有民警使用未经质量检测的化学喷剂致人失明，也可能有民警使用无安全保障的电击装置致人死亡。与此同时，各地公安机关也以内部规范性文件的形式出台了各种执法规范，对民警规范携带装备做出了具体规定。

例如，《黑龙江省公安机关人民警察现场盘问检查规定》第3条规定："执法执勤民警应当按规定着制式警服，携带执法记录仪、对讲机、枪支、警棍、警绳、手铐、警笛、强光手电、催泪喷射器等必要警用装备，携带《人民警察证》。"这些装备自然是指公安部统一配发的制式装备。易言之，携带自购装备执勤执法已经违反了公安机关内部规定。笔者认为，民警自购装备中确实存在部分安全隐患，可能侵犯相对人权益。基于组织纪律在装备纪律中的延伸，即便使用该装备合法，也可能因未按规范携带收到内部责罚。此类行政责罚也很必要，因为公安机关可借此控制民警随意自购装备带来的风险。

（三）使用其他民用器材

应该看到，我国将"人民警察根据现场情况可以当场获取、利用的器材"纳入非规定器材，是符合实战需求的。例如，派出所民警在前往分局开会途中，遇女子遭持刀抢劫。由于未携带警械武器，情急之下，民警可下车拾起路边木棍、铁锹等物压制嫌疑人。各级各地警务实战训练中也设有“就地取材”这一训练专题。其法律依据就在于，这种使用就便器材的强制符合使用非规定器材的要件，亦是法律承认的强制手段。

与此同时，基层执法中还有部分民警不愿意规范配带警械，而以镐把等民用器械替代之，将其长期存放在警用车辆内。必须澄清的是，这种“有备而来”的携带与执法现场就地取材判然有别。设想民警在处置警情时从警用车辆内拿出镐把在手，虽一定程度上达到了控制震慑的战术效果，但无疑会影响公安队伍的执法形象。警察代表国家实施法律，除了追求警务任务的完成，还应致力于树立良好的执法公信力。笔者建议，地方公安机关警务督察应加强对上述情况的巡查，一经发现应及时纠正，给予内部行政处分。

综上，对民警使用除警械武器以外的装备器材进行正当性评价是非常复杂的，不能一概视为使用非规定器材。具体来看，地方公安机关拟配发的装备器材应经过申请、审查评估、通过审查、报备程序后才可作为非规定器材使用。对于民警自购防暴装备的使用行为，虽可通过使用非规定器材赋予其合法性，但民警仍可能面临违规携带的内部行政责罚。对于其他民用器材，若是由于民警自身携带装备不足，现场就地取材，则应属使用非规定器材。若是民警明明有警械而不用，却常备镐把等民用器材，则应排除在使用非规定器材范围外，认定为违法使用强制手段。

第二章

警察使用强制手段的法律性质探讨

在明确了相关概念和研究对象之后，本章将尝试对学界争议已久的问题——警察使用强制手段的法律性质进行探讨。在行政法方面，警察使用强制手段属于直接强制、即时强制、二者兼有之、还是纯粹的物理行为？易言之，我们应对警察使用强制手段这一行政行为的类属做出区分。在刑法方面，警察使用强制手段毕竟会侵犯公民人身自由尤其是生命健康权，其行为的正当性源自何处。或曰，警察使用强制手段在刑法上的违法阻却事由是什么，是正当防卫、紧急避险还是依法令行为？在尊重学术继承的基础上，笔者将与读者分享自己的研究发现。

一、何谓使用

在上一章中，笔者详细论述了强制手段的内涵与外延，然而何谓“使用”强制手段却依然是困扰着基层民警的一个问题。使用是指戒备、警示、打击（或控制、约束）整个过程的一连串行为，还是对行为人采取实力打击（或控制、约束）这一核心环节？其实使用二字确实有广义和狭义之分别，在不同的法律规范中，立法者会采取不同含义上的规定。究竟应如何理解，我们可以使用武器为例说明。

《公安机关人民警察佩带使用枪支规范》第 3 条规定，“……使用枪支，包括持枪戒备、出枪警示、鸣枪警告、开枪射击行为”。可见，该规范将使用枪支规定为一系列用枪的操作行为，而不仅仅是开枪射击。我们还可联系该文件上下文，通过体系解释的方法来理解“使用”的含义。该规范第 1 条即明确了“规范人民警察佩带、使用枪支行为，有效制止犯罪活动……”的目的。其后，该文件第二章对佩带枪支做出规范，第三章又对使用枪支做出具体规定。该规范始终将佩带和使用作为并列、互补的两个概念对待，可见除了日常佩带之外、在实战中对枪支的一系列操作都应视为使用。这就是广义上的使用。

同样是使用枪支，《条例》第 9 条规定，“人民警察判明有下列暴力犯罪行为的紧急情形之一，经警告无效的，可以使用武器……”。《条例》释义将本条中的使用解释为，“使用武器所具有的性能对犯罪行为人实施的人身打击，如开枪射击或者使用其他武器进行攻击”。不难看出，《条例》对使用枪支做出了狭义的解释，就是指开枪射击这一核心环节。我们同样可以运用体系解释得出上述结论。《条例》第 9 条例举了可以使用武器的 15 种情形，这绝不是说遇此 15 种情形时，经判明和警告无效后民警可以持枪戒备、出枪警示或鸣枪警告等。而是特指在判明和警告无效后，即可对此 15 种情形中的犯罪行为人开枪射击。

从现有文献来看，研究者在行文中很少对“使用”一词的含义做具体的解析，这就导致读者很可能产生误解。然而，这样的矛盾又难以通过优化表述来解决。因为，如果研究者所指对象若为戒备、警示、打击（或控制、约束）等一系列动作时，又很难找出一个比“使用”更为贴切的动词来表达。所以，我们就应仔细甄别现有文献中的“使用”，才能更准确地理解作者所指。一般来讲，如果作者探究的是使用强制手段的条件或情形，此处的“使用”应作为发出打击、控制或约束的实力来理解。如果作者是论述使用强制手段的程序和原则，则此处的“使用”更多地还是指使用强制手段的动态的、整体的过程。

如此细究使用的含义并非是玩弄文字游戏，笔者在本章余下的篇幅中将着重探讨使用强制手段的法律性质和违法阻却事由。对于如此重要的理论问题，当然应阐明“使用”这一行为到底为何所指。本章中的使用强制手段应包含做出使用强制手段的决定，戒备、警示、发出实力的整体过程，或者说是对使用做广义上的理解。

二、警察使用强制手段的行政行为类属审辩

关于警察使用强制手段的性质，学界尚未有定论，主要有即时性强制、直接强制、二者兼有之、行政事实行为、纯粹物理行为等几种说法。在对各种观点进行梳理的基础上，笔者尝试阐明本书的观点，并给出相关法理依据。

（一）直接强制说

德国部分研究者将警察使用强制手段行为归为直接强制，这与该国立法历

史有关。西德联邦与各邦统一警察法标准草案（Musterentwurf eines einheitlichen Polizegesetzes des Bundes und der Lañder）将使用警械列入直接强制行使一节。[①]直接强制系借体力及其帮助物和武器，对人或物所作之干涉（第 36 条第 1 项）。该法还规定了行使直接强制处分前应予告诫、告诫的例外情形和对聚集性人群使用直接强制的告诫要求（该法第 39 条第 1、2、3 项）。该法将使用强制手段前的警告行为视为一种行政处分，课以行政客体作为或不作为的义务，于其义务不履行时，再使用强制力。

我国台湾地区研究者吕阿福也持此观点，认为警察使用枪械是一种直接强制，纯然是执行的功能，非关刑罚之功能。“行政直接强制，限于无其他方式可遂行行政目的，……在此情况官吏得使用强大的物理力，迫使反抗者就范，纵使伤害反抗者也在所不惜的执行方法。”[②]这种使用物理的强制力迫使反抗者就范进而实现法律正义的行为，应遵循相当性原则，程序上也须先加警告，如对空鸣枪示警等。当然在紧急危险的状况下，也可不预先鸣枪示警。

（二）即时强制说

也有研究者在区分行政强制执行与即时强制概念的基础上认为，警察使用强制手段应属即时强制，而直接强制是一种行政强制执行。直接强制的实施是为了使用强制手段迫使义务人履行义务，是以义务预先存在而没有被履行为前提的。即时强制则不以义务的预先存在为前提，“是一种缺乏预先的非正式的行政处分之强制”。这种措施不要求行政主体事先作出行政处分，更不以相对人负有某种义务为前提条件，而是直接、突然地、不加告诫地对义务人实施强行限制，并在必要时以破坏性力量排除其抵抗。我国台湾地区研究者陈立中认为，使用警械或没有时间发布命令，或以命令课以义务也无法达到行政目的。此时，警察得以实力加于人民之身体或财物，直接实现目的。因此，使用警械是一种即时强制。

---

① 李震山．西德警察秩序法原理．登文书局，1987：262. 转引自吴耀宗．使用警械之理论基础．警学丛刊，1988（3）：37–42.

② 吕阿福．警察使用枪械之正当性研究．台大法学论丛，1993（2）：171–231.

还有研究者认为，使用警械（尤其是枪械）常于情况紧迫危急之时，行政客体与警察所处之状态是敌对的。行政客体所思及的，往往只是如何摆脱警察的拘束，甚至如何攻击警察而得以逃逸；警察所考虑的，却是如何掌握时机，遏阻行政客体的行动，加以拘束或逮捕，以免损及公益。在此时刻，如果认为警察人员于使用警械前的口头告诫为一种行政处分，事先课以行政客体义务，而期望其能自动自发履行此项义务，实为不可能。[①] 所以，将使用警械认定为直接强制太过牵强。可以说，这是从更加贴近执法实践的角度进行论证，得出了即时强制的结论。

高文英教授也认为使用警械是一种即时强制，并将即时强制与直接强制加以区分。虽然，警察即时强制与直接强制确实有共性之处，都表现为对人身、财物和场所施以物理之实力，但即时强制还是有两个可与直接强制区分开的特性。一是警察即时强制表现为裁量性，由于事发突然，法律无法对即时强制做出具体规定，而只能做原则性规定。二是警察即时强制既有共性手段，体现为对财物的各种处置方法和对住宅或其他场所的进入，也有其特有手段，如约束、交通管制、使用警械。[②]

（三）直接强制与即时强制混合说

“直接强制说”与“即时强制说”两种观点的主要分歧在于，使用强制手段过程中是否存在“先前的”行政处分或曰“基础决定”。“直接强制说”认为，打击或约束前的警告即是一种处分，它不仅是向行政客体赋课义务，同时也提供了一次依其自愿自发的意志决定是否履行义务的机会。若相对人不履行义务，则警察后续会使用强制力迫其履行义务。“即时强制说”则认为，使用强制手段本身包括了权利义务的设定和实现两部分，但它是一个即时设定容忍义务，并即时执行的过程。容忍义务的设定是通过执行行为得以体现和实现的，设定义务的表示与执行是一体的。

---

① 吴耀宗．使用警械之理论基础．警学丛刊，1988（3）：37-42.

② 高文英．警察行政法探究．群众出版社，2004：238.

有德国研究者看到了直接强制与即时强制的差别，在继承德国法的基础上，提出了融合直接强制与即时强制的理论构造。他们认为使用枪支与警械之前的警告行为可以看作是一种告诫，一种行政处分。这种处分做出之后，如果相对人并未履行义务，则警察可“藉体力或其帮助物或武器，对人或物进行干涉”，以达行政目的。上述过程可看成直接强制。如果情况紧急来不及警告，或者警告难以达到行政目的，甚至反生消极效果，也可以直接使用枪支或警械。比如人质生命危在旦夕，生死系于一念之间，警告射击或告诫反而会促使嫌犯痛下决心杀死人质。这时，使用强制手段的性质就变为即时强制。

（四）“决定”与“执行”两阶段说

余凌云教授在基本赞同上述观点的基础上，进行了更为细致的分析。他将使用枪支与警械的行为分成决定和执行两个阶段，认为前者应该是法律行为，也就是决定使不使用枪支或者警械应该是法律上的决定，是对相对人权利义务作出处分的具有法律效力的行为。而后者更多的还是事实行为。比如，“手铐怎么去铐，催泪弹向什么方向和地点投掷”[①]。对于使用警械武器整个过程的法律性质，他同样认为应主要做直接强制来理解，以即时强制为例外。

与此同时，他认为，“把使用枪支和警械之前的警告看成是一种行政处分，实际上是把赋义务的先行行政处分和直接强制实施程序上的告诫两者合成起来，尽量地往直接强制范畴上拉，是顽强地贯彻法治主义思想的一种努力”[②]。如果将使用强制手段认定为直接强制，那么警告的内容和方式就应该达到基础决定或先前行政处分的效用。警告的意思表示不能含糊其辞，而应以有效且清晰的表达传递给对方，确实能让对方有机会“以自愿自发的意志履行义务”[③]。

---

① 余凌云．警察使用枪支与警械的两个基本理论问题．武警学院学报，2002（4）：79−81.

② 余凌云．警察使用枪支与警械的两个基本理论问题．武警学院学报，2002（4）：79−81.

③ 余凌云．警察法讲义．法律出版社，2015：39.

（五）纯粹物理行为说

与上述观点不同，有研究者在直接强制、即时强制和行政事实行为之外给出了答案。我国台湾研究者李震山将使用警械纳入行政物理行为。他将行政物理行为界定为，有别于行政精神作用中之意思行为及观念行为。质言之，行政主体系借由事实的作用，而非以意思或观念表明等精神作用为要素，透过单方面“行动”即能发生行政法上之权义效果或事实效果，且行为一经实施，该行为即已完成，且大多无法恢复原状或以撤销方式加以废弃。此类行为，若以是否发生法律效果区别，可分为不发生法律效果之行为与发生法律效果之行为，前者如巡逻、道路铺设，后者如警察阻车、盘问、清场、搜索、使用警械等。[①]

李震山教授所指之物理行为，有如下特征：第一，系行动实践之作为，不作为或精神作用不在其列；第二，物理行为有不产生法律效果的，也有产生法律效果的，后者有单独存在的，也有蕴含于行政处分之中的，且成为行政处分中的措施部分；第三，物理行为一经发动，随即完成，没有撤销、废止、变更之可能性。

（六）本书对于使用强制手段的法律定性

梳理学界现存关于使用强制手段法律性质的论述不难发现，研究者或将使用警械武器视为整体对象进行定性，或将其分成警告和具体实施两个阶段分别定性，再得出最终结论。研究者们似乎忽视了一个关键问题，那就是警察会在不同情境下、不同的执法任务中使用强制手段。一是在实施强行带离现场、强行驱散、立即予以拘留、强制传唤等即时强制和直接强制中使用强制手段；二是在现场制止违法犯罪行为中使用强制手段。在这两种不同情况下，使用强制手段的定性也会有所不同：

1. 使用强制手段执行即时强制和直接强制的法律性质

例如，《反恐怖主义法》第 28 条规定，“公安机关发现极端主义活动的，应当责令立即停止，将有关人员强行带离现场并登记身份信息……”。又如，

---

① 李震山．论行政作用中之物理行为．警大法学论集，1997（2）：27-34.

《人民警察法》第 17 条规定，“……对严重危害社会治安秩序的突发事件，可以根据情况实行现场管制。公安机关的人民警察依照前款规定，可以采取必要手段强行驱散……”。上述强行带离和强行驱散就属两项即时强制，为保证其执行，民警在前者中有权使用徒手强制，在后者中有权使用防爆枪、催泪弹等警械。再如，对现场发现的违反治安管理的行为人，民警有权对其施以口头传唤，即通过具体行政行为负以对方配合调查的义务。若对方无正当理由拒绝传唤，则民警有权实施强制传唤，也就是以直接强制的方式迫使对方配合调查。当然，在强制传唤中，民警可以使用徒手强制甚至警械。笔者认为，诸如此类为执行即时强制或直接强制而使用的强制手段，应属事实行为而非即时强制和直接强制等法律行为，其原因兹述如下：

首先，此种情况下使用的强制手段以影响或改变事实状态为目标，是公安民警“基于行使行政职权的直接需要而作出的不以法律效果为目的的行为”[①]。民警使用徒手押解、使用催泪喷射器、用防爆枪发射催泪弹，其目的就是要肃清场地、恢复现场正常秩序，而不是要给相对人设定什么义务。相反，强行带离现场、强行驱散等即时强制措施的目的才是为相对人赋课离开现场的义务。

其次，民警在即时强制或直接强制中使用强制手段，只是现实影响了“法效果”，而并不具备“法效力”。公安机关通过强行带离现场、强制驱散的决定对相对人的权利义务做出了处分。具体讲就是为相对人设定了即刻离开现场，否则要忍受强制手段的打击和约束的义务。这一行政行为有明确的法律依据，提供了一种“应然状态”。这种法律上的应然又能对当事人的行为提供规范和指引，因而具备法律效力。反观此过程中的强制手段使用，是依靠事实上的“力”而非法律上的“理”对相对人提供指引，因而不具有法律效力，属行政事实行为。

最后，将即时强制中的强制手段界定为行政事实行为符合即时强制的要件构成。例如，叶必丰教授等认为，“从理论上说，行政即时强制仍然可以区分为

---

① 吕诚、王桂萍．行政事实行为几个问题的探讨．行政法学研究，1996（4）：15–21.

权利义务的设定和实现（或执行）两个层次或步骤”[①]。我们可以认为，强行带离的决定是给相对人设定了义务，而使用徒手强制实施强行带离则确保这一义务能被履行。又如，朱新力认为，“作为一项整体制度，即时强制既包含基础决定的作出（即对相对人权利义务的规定），也包括直接以实力实现基础决定内容的事实行为”[②]。显然，使用徒手或警械等强制手段就是以实力实现基础决定的事实行为。

2. 使用强制手段现场制止违法犯罪行为的法律性质

首先应明确，民警在现场制止违法犯罪行为过程中使用强制手段，应是一种行政法律行为，而并非事实行为。例如，民警现场处置结伙打架斗殴的警情，即有依据《条例》第 7 条使用警棍予以制止的权力。民警在对现场情况进行观察评估的基础上，再将《条例》第 7 条规定适用于结伙斗殴的现场情形，而后做出使用警棍的决策。上述适用与决策的过程，使得抽象的法律规定在个案中得到贯彻，因而具有法律效力，创设出一种法律上的应然状态，能够对相对人的行为做出指引。[③]与此同时，这一决定向相对人赋以停止暴力侵害，否则将遭受警棍打击的义务。此义务是民警做出使用警棍决定直接产生的法律效果，民警主观上也在追求这种法律效果，二者间具有直接的因果关系。在法律效力与法律效果兼备的情况下，可以说民警使用警棍的行为应是行政法律行为而不是行政事实行为。

接下来的问题是，警察使用强制手段属哪一种行政法律行为，是即时强制抑或直接强制。二者区别的标准是行政强制之前是否存在设定相对人权利义务的具体行政行为[④]。直接强制以具体行政行为设定的义务为前提，而即时强制则自己即时设定义务。虽然身处法治社会中，每个人都负有不得暴力侵害他人，遵守社会秩序并服从治安管理的义务，但这是抽象的法律规范赋予每个个体的义务。在民警决定使用警棍现场制止违法犯罪行为之前，没有任何具体行政行为赋于参

---

① 叶必丰、何琳．行政即时强制界说．求是学刊，2000（1）：68−73.

② 朱新力．论行政上的即时强制．浙江学刊，2001（5）：148−152.

③ 王锴．论行政事实行为的界定．法学家，2018（4）：51−65.

④ 叶必丰、何琳．行政即时强制界说．求是学刊，2000（1）：68−73.

与殴斗的人员任何具体的义务。因而，在此情况下使用强制手段不是直接强制。

当民警依据《条例》做出使用警棍的决定后，法律规定中抽象的、普遍的义务才予以具体化，参与殴斗人员停止侵害的义务才具有确定性。此后，民警通过警告明确告知相对人履行义务以及不履行的后果，若相对人仍不停止违法行为，则民警有权使用警棍以实力排除这种侵害状态。这种在紧急情况下，无须事先做成行政处分，对相对人即时设定权利义务、即时执行的实力强制行为，恰恰说明使用强制手段现场制止违法犯罪行为是一种即时强制。与直接强制以事先具体行政行为设定义务不同，即时强制是一项整体制度，其中有基础决定的做出，也有借助实力对基础决定内容的即时执行。

需要注意的是，上述结论不因使用强制手段过程中是否进行警告而异。为了迅速排除危险、制止违法犯罪行为可能无暇进行警告，或者即使警告亦无法期待相对人履行义务，此时警察可以直接使用强制手段。由于上述原因的存在，人们往往容易忽视使用强制手段过程中设定义务这一层次或步骤，误认为不经警告而使用强制手段是单纯使用实力，是一种事实行为。其实，在不经警告而直接使用强制手段时，即时强制的设定义务和执行这两个步骤已经合二为一。对相对人不停止侵害就要忍受强制手段的义务设定是通过击打、控制或约束等执行行为得以实现的，设定义务的表示行为与执行行为是同步的。因此，不经警告直接使用强制手段的过程也设定了权利义务，因而属即时强制。

三、警察使用强制手段的违法阻却事由归属

使用强制手段很可能造成相对人的伤亡，我们如何为这种极端手段的合法性和正当性进行辩护呢？或者说，是什么样的违法阻却事由赋予警察使用强制手段正当性呢？在回顾相关法律规定，总结学界争议的基础上，笔者建议引入超法规违法阻却事由解决该问题。

（一）法律规定转向：从正当防卫到职务行为

1980 年的《人民警察使用武器和警械的规定》中第 1 条就对该问题作出了

回答："为了使人民警察依法有效地执行公务，以及时制止犯罪行为，保护人民群众和采取正当防卫，特制订本规定。"1983 年的《关于人民警察执行职务中实行正当防卫的具体规定》明确了对暴力劫持或控制飞机、船舰等七种行为必须采取正当防卫行为，且实施正当防卫时，"可以按照 1980 年 7 月 5 日国务院批准的《人民警察使用武器和警械的规定》，使用警械直至开枪射击"。从上述两规定不难看出，我国当时的成文法承认了正当防卫和使用警械武器之间的目的和手段关系。正因为使用警械武器是为着实施正当防卫，"使正在进行不法侵害行为的人丧失侵害能力或者中止侵害行为"，所以其才获得了正当性。

如果说 20 世纪 80 年代我国是以正当防卫作为警察使用强制手段的违法阻却事由，到了 90 年代则否定了上述观点。1996 年《条例》的起草者们在《条例》释义中将使用警械武器与正当防卫行为区分开来。"1980 年制定的《人民警察使用武器和警械的规定》有的把人民警察依法使用警械和武器的职务行为混同于刑法中公民的正当防卫行为……"[①] 更进一步讲，"人民警察使用武器和警械是人民警察的职务行为，是保障国家法律实施的强制力的实现过程，……是代表国家行使强制权力，不是警察的个人行为"[②]。

（二）学界争议：正当防卫、紧急避险抑或依法令行为

不仅法律规定在该问题上有前后的转向，学界也有很多争议，对其总结梳理可形成以下几种观点。

余凌云教授认为，一些使用警械武器的情形很难用正当防卫或紧急避险来解释。如《条例》第 9 条第（11）项所说的在押人犯、罪犯脱逃的，如果为防卫国家拘禁权而将其击毙，则超出了排除不法侵害，变为消灭国家拘禁权的对象，因而不能成立正当防卫，只能认定为依法令行为。与此同时，也不能完全排除正

① 详见王学林主编．人民警察使用警械和武器条例释义．警官教育出版社，1996：序．

② 详见王学林主编．人民警察使用警械和武器条例释义．警官教育出版社，1996：14、28.

当防卫的因素。如针对“以暴力方法抗拒或者阻碍人民警察依法履行职责或者暴力袭击人民警察，危及人民警察生命安全的”情形开枪，实质上就是一种正当防卫。我国香港《警察通令》、新西兰《警察行动规则》也都承认上述行为是正当防卫的表现。此外，使用警械武器还可能成立紧急避险，不过是在极少数的情况下。例如，船只停放在桥头危及水坝安全，警察得以用枪炮击沉阻止险情发生。余凌云教授的研究结论是，警察使用警械武器的正当性基础是由依法令行为、正当防卫和紧急避险共同构成的。

陈志军教授则从时间维度上对警察使用强制手段进行了划分。他认为警察有权对尚处预备状态违法犯罪行为使用暴力制止，但正当防卫却要求侵害人已经着手实施侵害行为。因此，警察在一般犯罪行为的预备阶段使用暴力无法成立正当防卫（不符合时间条件），只能是依法令的职务行为。同样，如不法侵害已经结束也无法对侵害人进行正当防卫。那么，当嫌疑人实施的犯罪行为已经结束，警察在展开抓捕时使用暴力不能成立正当防卫，而构成职务行为。[①]

翟金鹏认为，关于警察武力使用的法律性质争议缘于“刑法学界对于警察依法执行职务过程中依法使用武力的问题基本上没有涉及”，从而影响了这一问题进入立法。在此基础上，他从如下十一个方面详细阐述了正当防卫与警察武力使用的区别：前者是公民权利，后者是警察职权；前者的实施主体没有特定身份，后者是特定身份主体；前者发生于公民没有防备的状态，后者则是警察有备而来；前者不需要警告，后者需经警告无效；前者的防卫手段没有限制，后者需要遵循武力层级规范；前者公民不须履行判明义务，后者警察必须判明情况；前者能够容忍一定程度的防卫过当，后者若造成不应有的人员伤亡、财产损失将负法律责任；对于可预见的违法犯罪行为，前者可以采取防卫行为，而警察则应当采取预防性措施；前者公民不负救助义务，后者警察负有救助义务；前者出于自救的本能，后者基于国家防御心理；前者由刑法调整，后者由警察使用强制手段的法律规范调整。基于上述区别，翟金鹏给出了警察武力使用属“依法令之行为”

---

① 陈志军．警察职务行为中的正当防卫问题研究．中国人民公安大学学报（社会科学版），2017（2）：85-91.

的结论。

（三）相对合理的制度设计：引入超法规违法阻却事由

诚然，民警遭暴力抗法或暴力袭警时使用强制手段，可视为依法令行为，也可看作正当防卫。但一个案件一般不可能有多种违法阻却事由[①]。如果我们运用多种违法阻却事由来论证警察使用强制手段的正当性，无疑会增添司法上的负担。笔者建议，应选择一条相对合理的解释路径证成警察使用强制手段的正当性，而不是同时采用多种理论。在剖析正当防卫、紧急避险和依法令行为面临的困境后，笔者尝试给出本书的解决路径。

1. 正当防卫与紧急避险面临理论与实践双重困境

总结上述研究者的观点可发现，以正当防卫和紧急避险作为警察使用强制手段的违法阻却事由确实存在理论上的困境。正如翟金鹏的分析，警察使用武力与正当防卫在权利性质、主体身份、实施状态、实施程序、限度、义务、心理基础等方面均存在显著的差异。[②]与此同时，对于破坏国家监管秩序、聚众扰乱公共场所秩序等情形使用强制手段，也无法用正当防卫理论解释。其实，紧急避险也面临同样的问题。此外，我国《刑法》第 21 条规定紧急避险的同时，还明确了“关于避免本人危险的规定，不适用于职务上、业务上负有特定责任的人”。因此，紧急避险恐怕也只有极其例外的情况下才会成立。

与此同时，正当防卫和紧急避险的解释还面临实践上的责难。《反恐怖主义法》第 62 条规定，人民警察“对在现场持枪支、刀具等凶器或者使用其他危险方法，正在或者准备实施暴力行为的人员，经警告无效的，可以使用武器……”。由于正当防卫要求不法侵害正在进行，则对持凶器准备实施暴恐犯罪的行为人使用武器就无法成立正当防卫。当然，由于是对行为人使用武器，也无法成立紧急避险。这样的论点无疑会遭到诟病，不仅不利于保护民警执法权益，恐怕还会危

---

① 张明楷．违法阻却事由与犯罪构成体系．法学家，2010（1）：31-39.

② 翟金鹏．警察武力使用行为法律性质问题研究．中国人民公安大学学报（社会科学版），2018，34（4）：88-92.

及公共安全。

以正当防卫作为违法阻却事由还将带来司法上的困境。当警察使用强制手段后，对其行为的合法性和正当性审查将以是否“明显超过了为制止不法侵害所必需的限度而造成了重大的损害”为标准。用普通公民正当防卫的标准衡量警察使用强制手段的合法性要求明显偏低，且没有体现出警察的职业特殊性。众所周知，警察有装备器材、战术和训练上的武力优势，其控制危险的能力明显强于普通民众，应负有“尽量避免人员伤亡和财产损失”的义务。

例如，昆山市公安局对“昆山市震川路于海明致刘某龙死亡案”的案情通报中所称，“不能苛求防卫人在应急反应情况下作出理性判断，而要根据现场具体情景及社会一般人的认知水平进行判断。……于海明夺刀后，7 秒内捅刺、砍中刘海龙的 5 刀，与追赶时甩击、砍击的 2 刀（未击中），尽管时间上有间隔、空间上有距离，但这是一个连续行为，是出于防卫的目的”[①]。上述案件若换成民警对负伤在身且逃跑的刘某龙开枪，恐怕就难以得出依法使用武器的结论了。因为在刘某龙逃跑的过程中，民警完全可以做出实施警告、拉开距离、预先戒备、保持观察等战术动作，若判明刘某龙确实从车内取刀继续暴力侵害，再决定开枪。

2. 依法令行为面临的困境

笔者认为，警察使用强制手段的违法阻却事由应归于依法令行为。研究者们已经详述依法令行为与正当防卫的区别，笔者不再赘述。此外，使用强制手段的各种情形都可以适用依法令行为进行解释，在违法犯罪行为的各个阶段使用强制手段也都可以用依法令行为解释。况且《人民警察法》第 10、11 条赋予人民警察使用武器和警械的权利，我们将使用强制手段的正当化事由视为依法令行为也是妥当的。当然，这并不代表用依法令行为来解释警察使用强制手段就无懈可击。问题在于我国刑法目前并没有承认依法令行为或依法履行职务行为是违法阻却事由，而只是规定了正当防卫和紧急避险两种违法阻却事由。

---

① 详见 http：//society.people.com.cn/n1/2018/0901/c1008-30265891.html. 人民网：警方通报“昆山砍人案”：于海明行为属于正当防卫 不负刑事责任。

对此问题，我们也可以与我国台湾地区立法对比探讨。我国台湾地区“警械使用条例”第 12 条规定，“警察人员依本条例使用警械之行为，为依法令之行为”。与此同时，我国台湾地区“刑法”第 21 条规定了违法阻却事由，“依法令之行为，不罚……”。由于台湾已将依法令行为明确纳入刑法中的违法阻却事由，使用警械也自然获得了正当性。鉴于此，有研究者建议应在我国大陆《刑法》的违法阻却事由中纳入依法令行为。笔者不否认这种思路的可行性，但值得注意的是，这并非是唯一的解决方案。在修改“刑法”之外，也许还存在更理想的选择。

3. 引入超法规违法阻却事由使依法令行为获得正当性

将依法令行为纳入刑法中的违法阻却事由只是当下的权宜之计。我们还应该看到，任何国家都不可能将所有违法阻却事由统统载入成文法，立法者的有限认识与社会的永恒流变之间的矛盾始终无法消解。社会发展与价值观变化总会催生出新的违法阻却事由。因此，违法阻却事由就不应是静止僵硬的，而应是发展变化的。这也使得超法规的违法阻却事由获得世界刑法理论的普遍承认，并体现出其价值。正如弗兰茨·冯·李斯特等所言：“因为合法事由在成文法中只得到极不全面的探讨，以至于合法判决的作出，在很大程度上不得不借助于在成文法以外来考虑合法与不法的实体内容如何。”①

刑法通说认为，违法阻却事由包含两类：法定违法阻却事由和超法规违法阻却事由。前者是指某行为符合刑法分则中某罪名客观要件，侵害了相关法益，但符合刑法规定的保护或促进另一更高价值法益的条件，而使该行为不具有违法性的情况。后者是指形式上符合某罪名的客观要件，但保护或促进了另一个更高价值法益因而不具有刑事违法性，并且该事项尚未被刑法明文规定的情况。②各国刑法都已经将正当防卫和紧急避险规定为违法阻却事由，而依法令行为、被害

① ［德］弗兰茨·冯·李斯特，埃贝哈德·施密特．德国刑法教科书．徐久生译，法律出版社，2000：202. 转引自邵维国．论非典型超法规违法阻却事由．广州大学学报（社会科学版），2014（7）：45–50.

② 杜宇．作为超法规违法阻却事由的习惯法——刑法视域下习惯法违法性判断机能之开辟．法律科学，2005（6）：55–61.

人承诺、正当业务行为、安乐死等则不尽然。如果上述事由中有一项或几项进入某国刑法明文规定，那么对于该国来说，该事由就成为法定违法阻却事由，未被规定的就是超法规违法阻却事由。

笔者认为，承认超法规违法阻却事由的合法性是更为得当的安排。一方面，免去了时不时就要将新的违法阻却事由纳入刑法的负累，维护了法律的内在稳定性；另一方面，超法规违法阻却事由的包容性更利于保护被告人的权利和彰显刑法的谦抑精神。当然，不是所有行为都能得到超法规违法阻却事由的认可，只有满足了严格的构成要件才能被承认。

首先，行为目的应具有正当性。使用强制手段的目的是为了制止违法犯罪行为，维护社会秩序与公共安全。其次，行为的手段应具有正当性。现行法律法规对警察使用强制手段有严格的条件与程序要求，能够实现手段的正当性。最后，侵害较小法益、保护较大法益。虽侵害相对人法益，但警察使用强制手段得以保护相关人员人身安全与社会秩序。同时警察负有尽量避免人员伤亡和及时救治的义务，能够保证法益上的均衡。因此，引入超法规违法阻却事由使依法令行为获得正当性，不仅具有理论与实践上的需求，也是一项切实可行的制度安排。

第三章

警察使用强制手段的法源梳理与规范体系重构

在前两章中，本书讨论了警察强制手段的概念和警察使用强制手段的法律性质界定这两个基本理论问题。然而，任何法律问题的研究都无法与法的渊源脱钩。因为研究者的目光总会在行动中的法和书面上的法之间来回穿梭，往返观照。本章着力探寻书本上的法，尝试廓清警察使用强制手段法律渊源的范围和种类，介绍代表性的国外警察使用强制手段法律渊源。在交流互鉴的基础上查找我国警察使用强制手段法律规范体系存在的问题，并给出可行的完善路径。

一、警察使用强制手段法律规范的渊源含义

法的渊源可以理解为法的“栖身之所”或者法的源泉。该术语肇始于欧洲大陆古罗马的 Fontes iuris，自清末传入我国，为当时研究者所采用并沿袭至今。依据学界通说的分类，可从如下几条线索对警察使用强制手段法律规范的渊源进行考据：

一是历史渊源，是指形成法律的历史背景与相关材料，可表现为法律规范、原则或思想与特定历史行为、事件之间的关联。例如，1985 年，美国联邦最高法院通过田纳西州诉加纳案（Tennessee v. Garner）确立了“威胁生命原则”。即警察不可以肆意对逃跑中的嫌疑人开枪，只有在有合理理由确信嫌疑人对警察或其他人员的身体或生命已造成伤害或构成即时威胁时，才可以开枪射击[①]。

二是理论渊源，意指法律制度背后的精神或理论基础，也可看作立法者修改、调整法律所依据的原理。例如，《条例》中有关适度使用警械武器的规定即来源于德国行政法中被奉为黄金准则的“比例原则”。

三是文献渊源，专指法律文本，包括法律汇编、判例汇编和法律文件的原始记录等。例如，民国时期，1929 年颁布实施的《上海特别市公安局警械使用

---

① 徐丹彤 . 美国警察枪支使用法律制度及对我国的启示 . 武警学院学报，2011（3）38–41.

法》、1931的《青岛市公安局警械使用暂行简则》和1932年的《湖南省会公安局警械使用守则》都构成追溯我国警察使用强制手段立法历史的重要文献渊源。

四是文化渊源，又称法的学术渊源，通常以相关工具书、学术观点或学术著作的形式表现出来。例如，可在中国知网上获取的有关警察使用警械武器法律问题方面的论文都属学术渊源。

五是效力渊源，又称法的形式渊源或者直接渊源，即法是如何获得效力的。法获得效力的途径可以是多元的，可以是习惯的养成、可以是民众的真诚信仰、可以是传统与道德的教化，但最关键的是国家强制力。国务院第191号令发布的《条例》就是目前我国较为重要的警察使用强制手段法律渊源。

本书将采用第五种观点。因为该说阐明了既定规则通过什么方式产生、具有何种外部形式才被认为是法律规范、具有效力，并成为国家机关审理案件、作出裁判的规范性依据。该观点强调法的渊源应与法的效力直接联系。对警察使用强制手段法律规范来说，更应体现出国家强制力作为后盾，确保在适用和执行中能够取得实效。同时，该观点兼顾了法的形式，认为法的效力应有适当的外在载体，即相应的表现形式，无论是成文法还是习惯法。因此，警察使用强制手段法律规范的渊源的科学内涵应包括“两个不可分割的要素：一是其与法的效力的直接联系，二是指现行的法律文件须有一定的法律表现形式，二者缺一不可”[①]。

二、警察使用强制手段法律规范的渊源分类

按照前文中警察使用强制手段法律规范渊源的含义，体现法的实质效力、兼顾法的外在形式，可将警察使用强制手段法律渊源大体上分为成文法（制定法）和不成文法（非制定法）两大类，并对其进行继续细分。

（一）成文法

成文法是经有立法权的国家机关制定或认可，并以法律条文作为表现形式的

---

① 张文显．法理学．高等教育出版社，北京大学出版社，2011，53.

法律的总称，其最高的以及最完善的形态是法典[①]。成文法也是警察使用强制手段法律规范体系的主体部分，依照法律效力的级别由高到低可分为宪法、法律、法规、规章和规范性文件等。

1. 宪法

这里的宪法应指广义的宪法类规范，包括宪法法典和宪法性法律中有关人权保障的条款。这些条款并非专门为警察使用强制手段而拟制，但却约束着警察的执法行为，并为其他规范性文件设定权利义务提供指引。如美国联邦宪法第 4 修正案规定，警察不能在没有令状或正当理由的情况下逮捕市民或者扣押财产。第 5 修正案规定，未经正当法律程序，不得剥夺任何人的生命、自由和财产。第 8 修正案则禁止联邦政府施加过度的罚款、过多的保释金以及残酷和反常的惩罚。再如，英国《人权法》第 2 条有关生存权的内容中规定："每个人的生存权均应依法受到保护，任何人均不得被故意剥夺生命，除非是执行法院依据他的罪行依法对其做出的判决。当剥夺生命是由以下绝对有必要使用武力的情形造成的结果时，则剥夺生命的行为不应被视为违反本条规定。这些情形包括为保护任何人免受非法的暴力；为合法逮捕某人或防止被合法拘留的人逃跑；为镇压骚乱或暴动合法采取的行动。"[②]

2. 法律、法规、规章及法律解释

宪法之下的法律、法规和规章可能专门针对警察使用强制手段这一事项做出规定，也可能作为整体的警察组织法、作用法而存在，其中涵盖警察使用强制手段的权限、原则、条件或程序。法律如我国《人民警察法》第 10 条关于使用武器的授权规定和第 11 条关于使用警械的授权规定；英国《警察和刑事证据法》第 117 节关于合理使用武力的规定；俄罗斯《联邦警察法》第 5 章关于使用徒手攻击、警械和枪支的规定；日本《警察职务执行法》第 7 条关于使用警械的规定；我国台湾地区"警械使用条例"之规定。法规如我国《人民警察使用警械

① 详见 https：//baike.sogou.com/v188337.htm?fromTitle=%E6%88%90%E6%96%87%E6%B3%95.

② 徐丹彤 . 警察开枪条件设定模式研究 . 云南警官学院学报，2015（1）：94−99.

和武器条例》。规章如我国台湾地区制定的“驻卫警察使用警械管理办法”。法律解释如我国公安部《关于〈人民警察法〉第十四条规定的“保护性约束措施”是否包括使用警械的批复》就是一种行政解释。因其出自国家有解释权限的行政机关公安部，故有法律效力，构成警察使用强制手段法律规范的渊源。

3. 规范性文件

以武力使用指南、警察手册和武力裁量基准等形式出现的规范性文件是否属于法律渊源，学界目前尚存争议。虽然这些“非正式规则”的法律效力位于规章之下，又没有统一的编纂体例与章法可循，但毫无疑问的是，它们是警察机关在执行法律时做出的“执法解释”。源自上位法的效力会传输到这些非正式规则之中。其内容多是专家知识和一线执法经验的总结，有利于精确裁量和内部监督。与此同时，与那些抽象的法律条文相比，这些规范性文件更接地气，更能为个体警察提供清晰明确的操作标准。其对内的效力和事实上的约束力已经确定无疑。如果没有超越上位法的范围创设权利义务，同样能够获得司法上的尊重，因而具有一定的外部效力。鉴于此，在具备了效力要件和规范的外在形式之后，笔者建议应将这些规范性文件纳入警察使用强制手段法律规范的渊源。美国各个州和地区警察局出台的《警察手册》、一些西方国家制定的警察使用武力白皮书、我国香港警察使用的《警察通例》、我国公安部制定的《规程》和《公安机关人民警察佩带使用枪支规范》都属于这种规范性文件。

4. 国际法

一般来讲某一国家缔结或者加入的国际条约或者协定，都属于该国的法源。例如，《世界人权宣言》第 5 条和《公民权利和政治权利国际公约》第 7 条都规定不允许对任何人施行酷刑或残忍、不人道或有辱人格的待遇或处罚。联合国大会于 1975 年 12 月 9 日通过了《保护人人不受酷刑和其他残忍、不人道或有辱人格的待遇或处罚宣言》。国际法对人权之重视可见一斑。在此背景下，联合国大会 1984 年 12 月 10 日第 39/46 号决议通过并开放给各国签字、批准和加入《禁止酷刑和其他残忍、不人道或有辱人格的待遇或处罚公约》。该公约第 2 条第 1 项规定，“每一缔约国应采取有效的立法、行政、司法或其他措施，防止在其管辖的任何领土内出现酷刑的行为”。第 3 项规定，“上级官员或政府当局之命令不得援引为施行酷刑的理由”。1988 年，我国成为该公约的缔约国。这些规定也成为各缔约国警察不得使用强制手段对嫌疑人刑讯逼供，不得对罪犯进行暴力虐待的法律渊源。

欧洲也有与此类似的国际法规范。《欧洲人权公约》第 3 条规定，“不得对任何人施以酷刑、不人道或有辱人格的待遇或处罚”①。《欧洲警察道德准则》也指出，警察的执法态度、语言和执法行为对人的尊严、基本权利以及社会秩序密切相关，也关系到警察机关的执法公信力。警察有使用武力的权利，但只能在现场情况所必需的情形下才能采取措施，而且手段和强度还要经得起比例原则的审查。警务人员应当秉持正直的品格、尊重人权、考虑到案件与个体的特殊性。尤其是当执法对象为弱势群体时，更要注意这一点。

上述规范性法律文件虽然因制定主体的立法权限不同，因而显现出不同的效力层级，然而它们又具有某些共性。首先，它们都有确定性，能够通过明确的权利义务分配、清晰的行为模式以及可以预见的法律后果来调整人与人之间的关系；其次，这些法律文件都以国家强制力为后盾，体现出强制性，进而能规范人的内心与外部行为；最后，上述文件都能为人们的生活提供指引，通过权利与义务、原则与禁则的正反规定，帮助人们感知法律尊崇与保护的价值，趋利避害。

（二）不成文法

除去上述成文法，那些未经国家制定，不具有法律条文形式，但国家认可其效力的法，也可以成为警察使用强制手段的法律渊源。不成文法源主要包括习惯法、判例法和惯例。

1. 习惯法

习惯法是由习惯在被认可和遵守的过程中，逐渐演化而来的。由践行习惯到演化成习惯法，再到制定成文法，也是法律发展流变的一条线索。虽然习惯法盛行于欧洲中世纪，进入 18 世纪以来，成文法已经成为主要的法律渊源，但是

---

① 闵丰锦．欧洲人权法院视野下的警察掌掴行为——以“伯耶德诉比利时案”为例．中国人民公安大学学报（社会科学版），2018（1）：32–42.

习惯法仍然发挥出其独有的价值。例如，很多联合国会议通过的“宣言”就属于习惯法。“联合国公约与宣言检索系统”对“宣言”这一术语界定为，“这一用语用于各种国际文书。不过，宣言并不总是具有法律约束力。有些文书以宣言为题，最初无意具有约束力，但宣言条款可能反映了国际习惯，或后来获得了约束力，也就成为习惯法”。1948 年《世界人权宣言》就是这种情况。

循此线索，笔者在“联合国公约与宣言检索系统”中对宣言进行检索，并在主题分类中将关键词设定为“刑事司法”筛选检索内容。检索结果显示，1979 年联合国大会第 106 次全体会议第 34/169 号决议通过了《执法人员行为守则》。该文件第 3 条规定，“执法人员只有在绝对必要时才能使用武力，而且不得超出执行职务所必需的范围”[①]。1990 年的联合国第八届预防犯罪和罪犯待遇大会又通过了《执法人员使用武力和火器的基本原则》。上述两份文件还阐明：“这些原则是为了协助会员国确保和促进执法人员发挥正当作用而制订的，各国政府应在其本国立法和惯例范围内考虑并尊重这些基本原则，并应提请执法人员予以注意，并提请其他人员例如法官、检察官、律师、行政和立法部门人员及一般公众知照。”上述两文件即是获得了约束力的习惯法，能够成为不成文法源。

2. 判例法

判例法是英美法系国家的特点，泛指可作为先例据以做出裁判的法院判决。其基本思想是承认法律本身的不完备性，法官在处理个案时，应根据案情和法律条文背后的立法精神做出个别的解释和判断。其基本原则就是“遵循先例”，根据判例法制度，先前判决中的法律原则或规则不仅适用于该案，而且可以适用于后续同类案件的判决。如果先例无法适用于当下的案例，那么法院可以不使用先例裁判，或者再造一个新的法律原则而推翻原来的判例。在英美法系国家，这叫作“法官造法”。

伯耶德诉比利时案可谓警察使用强制手段法律中的经典判例。2004 年，比利时公民萨伊德·伯耶德、穆罕默德·伯耶德兄弟向欧洲人权法院控诉，声称萨伊德在家门口遭遇警察盘查后，被带到当地警局继续盘问查证身份。在接受询问

---

① 详见 https：//www.un.org/zh/documents/treaty/files/A-RES-34-169.shtml.

期间，遭一名警官以扇耳光的方式袭击侮辱。萨伊德兄弟认为此举违反了《欧洲人权公约》第 3 条“不得对任何人施以酷刑、不人道或有辱人格的待遇或处罚”的规定。欧洲人权法院经过两审查明，警察却有掌掴行为，且该行为是在非必要情形下使用强制力。法院做出最终判决，认为本案已达到有辱人格的程度，宣示了对人权的尊重。在 2017 年的“迪努诉罗马尼亚案”中，欧洲人权法院在判决中适用了“伯耶德诉比利时案”的判例法，再次重申了警察在使用强制手段过程中应充分尊重人权的原则。

3. 惯例

惯例指常规的办法、一贯的做法。在法理学范畴中是指，没有法律文本意义上的明文规定，但是过往曾经施行，可以仿效办理的做法。在警察使用强制手段法律规范中，一些做法已经历经长久的实践检验并跨越国家界限，积淀成为各国警察遵守的国际惯例。随着成文法的盛行，又被载入各国成文法律规范中。例如，警察应在可能范围内选择对嫌疑人构成伤害最轻的强制手段，后来被表述为“最小武力使用原则”。再如，警察使用武力前应尽可能发出警告，给嫌疑人一个终止犯罪的机会，后来被称为“经警告无效”的正当程序。

惯例虽然不具备规范的外在形式，但它绝不是可有可无的法源。在现代社会中，它往往和道德与价值结合在一起，在成文法律规定之外发挥自身的效力。例如，在处置劫持人质事件中，各国法律都规定在解救过程中警察可以开枪。甚至为保护人质安全，而不经警告地开枪。然而在实践中，各国警察却都愿意首先做出谈判解决危机的尝试。保护人质安全当然是他们的首要考量，贯彻最小使用武力的国际惯例也是重要的因素。正因如此，国际上才确立了“人质和劫持者双双生还”才算作是“成功的”解救行动，击毙劫持者以使人质获救都难称完美。我们从中可以窥见惯例在法律规则之外的价值与力量。

三、国外警察使用武力的法律渊源概览

（一）英国

作为现代警察制度的鼻祖，英国有规范细致的警察使用武力法律规范体系，

依效力由高到低可分为以下几个层次：

1. 法律

（1）欧洲人权公约

英国签订了《欧洲人权公约》。从法理上讲，该公约应优先于本国议会立法适用于具体案件。公约的若干规定与警察武力使用与人权保障有关。该公约第 2 条规定："1. 任何人的生存权应当受到法律的保护。不得故意剥夺任何人的生命，但是，法院依法对他所犯的罪刑定罪并付诸执行的除外。2. 如果使用武力剥夺生命是迫不得已的情况下，不应当视为与本条的规定相抵触：（1）防卫任何人的非法暴力行为；（2）为执行合法逮捕或者是防止被合法拘留的人脱逃；（3）为镇压暴力或者是叛乱而采取的行动。"① 自签订《欧洲人权公约》后，受上述内容的深刻影响，英国在警察使用武力政策与实践上始终将人权置于核心位置。

（2）议会立法

在英国，规范警察使用武力的议会制定法主要包括：1967 年的《刑事法》、1984 年的《警察与刑事证据法》、1998 年的《人权法》。《刑事法》第 3 条规定，为预防或者制止犯罪行为，协助或实施对犯罪嫌疑人、罪犯或者非法脱逃人员的合法拘捕，可以使用为当时情景下必要的武力；《警察与刑事证据法》第 117 条规定，对于本法赋予的各项警察权，如果没有特别规定该权力的行使需要获得他人同意，则个体警察在行使该权力的过程中可依自身判断使用必要限度的武力。为保障《欧洲人权公约》的落实，英国通过《人权法》的细致规定加强了该公约在国内的适用。同时，《人权法》中有关普通公民自卫权的规定同样可作为警察使用武力的依据。

2. 政策

为保障国际公约与本国制定法在实施中取得实效，英国制定了自上而下的政策性操作规范。

---

① 搜狗百科 . 欧洲人权公约 .https：//baike.sogou.com/v7746717.htm?fromTitle=%E6%AC%A7%E6%B4%B2%E4%BA%BA%E6%9D%83%E5%85%AC%E7%BA%A6

（1）全国性政策文件

该类政策性文件在全国范围内适用，其法律效力层级类似我国国务院制定出台的行政法规。由于法系不同，难以在我国法学术语中找到适洽的表达，笔者暂译为“全国性政策文件”。2002 年的《警察改革法》授权内政部制定了《警察使用枪支和低致命性武器的执法准则》，并于 2003 年 12 月 3 日生效施行。该准则共分七个部分，详细规定了立法目的、适用范围、训练、装备与保密规范、实战行动中的形势评估、指挥权限分配、行动程序、培训标准与认证体系、善后处置、经验推广以及信息沟通等内容。不难发现，该准则一方面与实战贴合紧密，可操作性强，将法律法规与指挥战术有机融合，凸显了实用价值。另一方面，该准则又没有局限于实战行动的单一视角，延伸到人事、训练、媒体应对、公共关系等相关领域，有利于警察机关对使用武力进行全局把握。

（2）全国性政策手册

英国警察局长协会（Association of Chief Police Officers，ACPO）虽然不是立法机构，但是在英国警务决策和制定政策方面却发挥着十分重要的作用。

该机构 2009 年发布了《武装警察管理、指挥和部署指导手册》。该指导手册袭承了上述准则的立法传统，囊括了与武力使用相关的各项问题。其中规定了使用枪支和低致命武器的条件与情形，明确了相关武器装备标准，阐明了实战行动中各种武器的携带规范，并且统一了指挥与部署的协同方法。整个指导手册对外公开，虽然其制定机构不是立法主体，因而没有法律效力，但在实践中却受到了一线警察的拥护。

（3）地区性政策

英格兰和威尔士的警察部队在立法体系上是相互独立的。除了适用上述执法准则和指导手册外，各个地区又有权根据本地治安形势和执法需要制定本地的地区性政策。这一点与美国颇为类似。这些政策或具法律效力或只有内部约束力，或公开或不公开，但确定无疑的是，它们的原则与内容都没有背离上述执法准则和指导手册确立的标准与要求。

（二）美国

美国警察使用武力相关法律依据可谓以联邦宪法为中心，以判例和执法手册作为支撑的规范体系。

1. 联邦宪法及其修正案

美国联邦宪法及其修正案都是规定程序的，它们决定了警察的执法程序与步骤，是规范和指引美国警察执法行为的最重要的法律。其中，宪法也就是《权利法案》旨在保护公民免予不正当的政府权力，警察权也要在这些权力框架内运行。它要求警察的执法行为必须与美国宪法、各州宪法以及法院解释过的判例相一致。在联邦宪法修正案中，与警务关系最大的是第 4、第 5、第 6、第 8 和第 14 修正案。其中第 4 修正案确立的“相当理由”判明标准，第 5 修正案规定的“正当程序”标准，和第 8 修正案规定的“禁止残酷惩罚”原则都对一线警察执法产生直接影响，法院也据此作出了很多重要案件的判决。第 14 修正案则宣示全国警察，都必须严格遵循联邦宪法执法。

2. 联邦最高法院判例

尽管联邦宪法及其修正案之中的规定权威且具体，但是未经法院判决加以解释的任何法律仿佛并未获得生命力。在美国人的观念中，这些法律仿佛一纸具文。与此同时，虽然各州法院和警察机关应严格执行联邦宪法及其修正案，但是他们对法律原则与规则的理解难免会有出入，在执法中容易出现各自为政、标准不一、程序肆意的现象。因此，美国警察分外重视法院判例，认为正是这些活生生的判例建立起自己的执法行为是否合法的标准。其中标志性的判例有：1985 年的田纳西诉加纳案促成了重罪脱逃向生命威胁原则的转向；1989 年的格雷厄姆诉康纳案（Graham v. Connor）的判决要求警察使用武力时必须具备“客观合理性”，而不是考量警察的主观动机和意图。需要关注的是，社会治安与执法环境在变化，法官的潜见和认知也会影响案件判决，联邦最高法院的判例不可避免呈现出流变性。同类案件也可能在后续判决中出现新的观点，催生出新的判例。

3. 司法部和联邦调查局的执法细则和指导意见

司法部会根据联邦法院确立的判例以及联邦宪法及修正案建立的原则制定出统一的执法操作细则，旨在为警察执法的各个环节建立标准。例如，依据司法部出台的执法细则，一个警察机关的“武力层级体系”应包括口头命令、徒手控制、化学制剂、警棍或其他击打武器、警犬、非致命武器、致命武器一系列强制力。联邦调查局（FBI）虽然不是立法机构，也并非全国警察的首脑中心，但其事实上掌握着遍及全美的警务资源，本身制定有明确清晰的执法规范。因此，该机构也会出台全美适用的执法意见。

4. 警察手册

全美各地的执法机构为了保证其治下的警察能严格遵守联邦宪法及其修正案做出的程序性规定，多年来一直致力于将联邦最高法院的最新判例以及司法部和 FBI 的执法细则结合本地警务资源汇编成警察手册（Police Manual）。这些警察手册详尽地规定了使用武力的原则、条件、情形、可供选择的武力层级、使用程序、禁则、事后报告和调查程序等环节。这样，各地区警察只要充分依据本地警局出台的执法手册，按照指引使用武力就不会受到内部责罚与法律责任。据《华盛顿邮报》的调查显示，过去 10 年间，在成千上万的美国警察击毙案例中，只有 54 名涉案警察受到起诉[①]。

（三）俄罗斯

在经过为期半年的公众参与立法，并经俄罗斯最高立法机关——联邦国家杜马多数票通过，2011 年 3 月 1 日，新的《俄罗斯联邦警察法》正式生效。其效力等级仅次于俄罗斯联邦宪法。在俄罗斯的法制史上也一直绵延着“将警察法放在国家基本法律的位阶上”的立法传统。这部内容包罗万象、堪称现代社会警察法典范的法律自然构成了俄罗斯警察使用强制手段的主要依据。

警察使用强制手段相关规范主要集中在该法第五章“使用徒手攻击、警械和枪支”之中，内容囊括了警察使用强制手段应遵循的原则、条件和程序等。该法第 18、19 条对警察使用强制手段的原则进行了规定，包括法定原则、适度原则和慎用原则。同时，该法第 18 条第 9 项规定，“如果依照联邦宪法法律、本

① 陆佳飞、穆东．美媒称美警今年已打死近 400 人．新华网，http：//news.xinhuanet.com/world/2015-06/01/c_127866231.htm.

联邦法律和其他联邦法律规定的程序使用警械，由此造成对公民、组织损害，警察不承担责任”[①]。

该法第 21 条第 1 款规定了警察使用强制手段的一般性条件，可细化为制止袭警、暴力抗法、解救被劫持的人质等 11 种情形。在此基础上，该条第 2 款具体规定了各种特定强制手段的具体使用情形，内容涵盖使用橡胶棍、催泪瓦斯、手铐、警犬、强制停车工具、清障工具等 14 种警械的情形。因此，警察使用枪支的情形同时构成了使用警械的情形。该法第 23 条第 1 款进一步规定了警察得以使用枪支的 7 种情形。值得注意的是，该法第 23 条第 3 款还规定了 4 种允许警察使用枪支的特殊情形，将紧急条件下向动物和物品射击也一同纳入规范之内。该法第 22 条还规定了禁止和限制使用警械的情形。

《俄罗斯联邦警察法》同样强调程序正义的重要性，并在该法第 19 条做了专门规定。同时明确是否依照规范程序使用强制手段，是判断使用行为合法性以及是否需要承担责任的重要标准。这一系列程序包括表明身份、明确告知、及时救治、通知家属、通知检察官、保护现场、通知本部门领导和提交情况报告。此外，该法还设专章规定了对警察执法行为的规制与监督措施。

应该说修改后的《俄罗斯联邦警察法》几乎可以独自支撑起警察使用强制手段的法律规范体系。这种编纂统一法典，废除原有规章、法令等与警察法相关的各种单行法的立法技术使得《俄罗斯联邦警察法》彰显出其独特价值。从内容上看，新法囊括了使用强制手段的各个方面。既有原则与精神，也有能供警察直接操作的具体规定。从结构上看，涵盖了组织法、作用法、监督法几个环节，前后呼应、体系完整。俄罗斯的立法经验启示我们，通过一部超级警察法典构造出警察使用强制手段法律规范体系是一条可行之路。

（四）德国和日本

德国和日本同是成文法国家。德国警察使用武力的法律规范体系包括联邦

---

① 徐丹彤．俄罗斯联邦警察警械使用法律制度及其借鉴意义．上海公安高等专科学校学报，2013（4）：88-93.

法律、各州制定的法律和欧盟相关立法。《联邦警察法标准草案》第39条详细规定了警告性射击的实施条件与具体要求。该法第41条规定了“慎用射击武器，尽量采用最小武力”的原则。即便使用射击武器，也应优先对物使用。再如1982年《边界法》的第27条第2项规定：为制止当场正在进行之犯罪行为，使用武器向行为人射击是合法的。《巴登符腾保邦警察法》第52条第2项规定了不经警告而直接使用武器射击的情形。该法第54条规定，存在特别理由时才可针对人使用射击武器。使用射击武器有数种使用情形，首先重点在嫌疑人对现场人员有很明显伤害情况下，允许警察开枪射击；另外，为阻止企图逃亡、有危险的重大刑犯，也就是嫌疑犯或者逃狱者，亦可使用射击武器；然而若在人群中使用射击武器，则需要更多限制。此外，德国警察使用武力的行为也受《欧洲人权公约》调整。

日本警察使用强制手段的法律依据分为两个层级，一类是法律，一类是行政规则。法律层面可从如下角度观察：日本警察使用枪支的权力主要来自《日本警察法》的授权。但是该法只是组织法，仅在第67条规定：“警察为依法履行职责，可以持有小型武器”，并未具体规范警察使用枪支的行为。规范用枪权运行的是1948年制定、2006年又新修订的《警察官职务执行法》[①]。该法第7条规定了警察使用武器的条件。行政规则层面，用枪的具体程序在日本国家公安委员会制定的《警察官枪支警棒等使用规范》和《警用手枪使用和管理规则》中加以规定。从这些细致的行政规则中，警察不仅可以明确枪支使用条件与程序，还可知悉对枪支的操作训练、保养事项、携带要求等管理规定。

从国外警察使用武力的法律渊源综述可见，立法与制定政策性文件相结合成为各国的通行办法。立法规定警察使用武力的权限来源、原则规定和使用条件等基本问题，一定范围内也会涉及程序问题。而政策性文件更多的是对具体程序进行细化拆分，使之能够与行动中的技能战术运用对接。与此同时，这些政策性文件也起到了提供武力使用裁量基准的作用，能够更好地为警察依法使用武力提供

① 徐丹彤．日本警察枪支使用法律制度及其借鉴意义．上海公安高等专科学校学报，2014（4）：92-96.

判断依据。在上述共性之外，我们还应看到个性之处。英美国家的判例法传统在“帮助警察理解什么样的武力才是合法的”这一点上彰显出其独特价值。法院以案例为背景，借判决对条文做出解释，无疑更加契合一线民警的认知。此外，像俄罗斯这样借助高位阶立法将使用武力的组织授权、原则、条件、情形、程序、监督等事项一网打尽的“超级法典”也值得我国借鉴。

四、我国警察使用强制手段法律渊源梳理

我国警察使用强制手段的法律渊源与国外情况有共性之处，构成了宪法—法律—法规—规章—规范性文件的主体脉络。同时，在我国缔约的国际条约与协定中，也有涉及警察使用强制手段的规定。此外，我国也承认习惯和惯例，但排除适用判例法。

（一）宪法

我国宪法虽然没有就警察使用强制手段事项作出专门规定，但宪法条文依然对警察使用强制力有监督制约作用。我国《宪法》第 28 条规定：“国家维护社会秩序，镇压叛国和其他危害国家安全的犯罪活动，制裁危害社会治安、破坏社会主义经济和其他犯罪的活动，惩办和改造犯罪分子。”这些国家职能的实现，当然要以警察代表国家使用强制手段的方式来执行。

我国《宪法》第 5 条规定，“一切国家机关和武装力量、各政党和各社会团体、各企业事业组织都必须遵守宪法和法律。一切违反宪法和法律的行为，必须予以追究，任何组织或者个人都不得有超越宪法和法律的特权”。公安机关是国家机关的重要组成部分，其执法行为也必须遵守宪法和法律。如果警察违法使用强制手段，同样会遭到法律的惩处并要负相关法律责任。在宪法和法律之下，公安机关以及人民警察也无任何特权。

我国《宪法》第 33 条规定，“国家尊重和保障人权”。第 37 条规定，“中华人民共和国公民的人身自由不受侵犯。任何公民，非经人民检察院批准或者决定或者人民法院决定，并由公安机关执行，不受逮捕。禁止非法拘禁和以其他方

法非法剥夺或者限制公民的人身自由，禁止非法搜查公民的身体”。第 38 条规定，“中华人民共和国公民的人格尊严不受侵犯。禁止用任何方法对公民进行侮辱、诽谤和诬告陷害”。因此，警察使用强制手段过程中应注意尊重和保障人权，不能非法限制人身自由，侮辱人格尊严。

（二）法律

法律是指由全国人大及其常委会制定的规范性法律文件。《人民警察法》以组织法的形式在第 10 条中授权警察可依国家有关规定使用武器，并例举了拒捕、暴乱、越狱、抢夺枪支几种暴力行为的紧急情形。第 11 条授权警察为制止严重违法犯罪活动的需要，可依照国家有关规定使用警械。

《监狱法》第四章第三节即是有关戒具和武器的使用的内容。该法第 45 条规定了脱逃、使用暴力行为等四种可以使用戒具的情形，以及停止使用戒具的情形。该法第 46 条例举了非使用武器不能制止的，则可以使用武器制止的五种情形，包括罪犯聚众骚乱、暴乱、脱逃、拒捕等暴力行为。

《集会游行示威法》规定了对非法举行集会游行示威，经人民警察现场负责人命令解散而拒不解散的，人民警察现场负责人有权依照国家有关规定决定采取必要手段强行驱散。规定中的“必要手段”其实就是警察为驱散人群使用的强制手段。

《戒严法》第 26 条规定了在戒严地区有聚众违法情形经阻止无效的，戒严执勤人员可以使用警械强行制止或者驱散。该条例举了以下聚众违法行为：非法进行集会、游行、示威活动，非法占据公共场所或于公共场所进行煽动破坏行为，冲击国家机关等重要场所，扰乱交通秩序或阻塞交通，哄抢或破坏公私财产等行为。我国《海关法》第 6 条第 7 项、《铁路法》第 53 条、《反恐怖主义法》第 62 条等法律条文也有关于警察使用强制手段的规定。《道路交通安全法》第 91 条第 2 项和第 4 项规定了，醉酒驾驶机动车和营运车辆的，公安机关交通管理部门可对其约束至酒醒。此外还有最高人民法院、最高人民检察院、公安部、国家安全部、司法部《关于人民警察执行职务中实行正当防卫的具体规定》等有效司法解释。

（三）行政法规

行政法规即国务院依照宪法规定的权限和法定程序制定或修改的规范性法律文件。其主要形式是条例、规定和办法。以行政法规形式出现的警察使用强制手段法律渊源主要是《人民警察使用警械和武器条例》。该条例于 1996 年施行，第一次提出了"强制手段"的概念。该法规较全面地规定了使用警械武器的原则、条件、情形、禁则以及程序，至今为止都是规范民警使用强制手段的重要法律渊源。同时，也是人民法院审理警察违法使用警械武器类行政诉讼时作出判决的关键依据。

《看守所条例》第 17 条规定了必须加戴械具的对象和可以使用械具的对象。前者指已被判处死刑、尚未执行的犯人，后者包括可能行凶、暴动、脱逃、自杀的人犯。该条例第 18 条规定了越狱、暴动、劫持人犯等可以开枪射击的情形。该条同时规定，遇上述情形除非情况紧急，否则应先鸣枪警告。如果罪犯表示畏服，则应立即停止射击。

《大型群众性活动安全管理条例》第 23 条规定，"有危害社会治安秩序、威胁公共安全行为的，公安机关可以将其强行带离现场，依法给予治安管理处罚；构成犯罪的，依法追究刑事责任"。强行带离现场虽是警察为管控现场秩序实施的强制措施（而不是强制手段），但该强制措施的执行须依赖徒手带离等强制手段的运用。

《集会游行示威法实施条例》第 23 条对《集会游行示威法》第 2 条规定的执行程序进行了细化。该条规定，遇集会、游行、示威进行中出现危害公共安全或者严重破坏社会秩序情况不听制止、需要命令解散的，应当通过广播、喊话等明确方式告知在场人员在限定时间内按照指定通道离开现场。对在限定时间内拒不离去的，人民警察现场负责人有权依照国家有关规定，命令使用警械或者采用其他手段强行驱散。

2011 年 8 月 24 日国务院第 169 次常务会议修订通过的《公安机关督察条例》第 4 条第 6 项赋权公安机关督查机构对民警使用武器、警械以及警用车辆、警用标志的情况进行现场督查。第 11 条第 2 项规定，对违反规定使用武器、警械以及警用车辆、警用标志的，可以扣留其武器、警械、警用车辆、警用标志。

（四）部门规章

部门规章是指国务院所属的各部门、委员会依据自身职权制定的调整管辖事项的规范性文件。其主要形式是命令、指示、规章等。例如，监察部、人力资源和社会保障部、公安部令第 20 号发布的《公安机关人民警察纪律条令》第 21、23 条规定了不按规定使用或携带枪支给予处分。该条令第 22 条还规定了违反规定使用警械给予处分。

公安部令第 153 号发布的《公安机关维护民警执法权威工作规定》第 14 条规定："民警按照法定条件和程序履行职责、行使职权，对公民、法人或者其他组织合法权益造成损害的，民警个人不承担法律责任，由其所属公安机关按照国家有关规定对造成的损害给予补偿。"此条文表明，民警在执法执勤过程中，依法合规使用强制手段给执法相对人造成人身伤害或财产损害的，民警本人不需要负法律责任，而由所属公安机关进行补偿。

公安部第 116 号令发布的《公路巡逻民警队警务工作规范》第 20 条第 5 项规定，当盘查对象做出异常举动时，民警警告后仍不停止举动，则民警可视情使用警械制止。第 32 条第 4 项规定了遇阻塞交通等群体性事件时，民警应慎用武器警械的原则。除此以外，该规范第 29、61、62 条还对警械武器等警用装备器材的配备、携带与日常管理做出了规定。

公安部第 117 号令发布的《公安机关强制隔离戒毒所管理办法》第 34 条规定，遇戒毒人员脱逃、暴力袭击他人情形，民警可依法使用警械制止。第 45 条规定，对毒瘾发作或者出现精神障碍可能自伤、自残或者实施其他危险行为的戒毒人员，可以按照卫生行政部门制定的医疗规范对其采取保护性约束措施。对被采取保护性约束措施的戒毒人员，民警和医护人员应当密切观察，可能发生自伤、自残或者实施其他危险行为的情形解除后应及时解除保护性约束措施。

（五）地方政府规章

各地人民政府会根据本地区警务工作具体特点与地方发展需求，依据相关法律、行政法规和公安部出台的部门规章制定本地区适用的地方政府规章。这些规章在不与上位法冲突，不超出上位法范围创设新的权利义务前提下，亦可成为警察使用强制手段的法律渊源。例如，为贯彻落实《集会游行示威法》，云南省人民政府制定出台了《云南省实施〈中华人民共和国集会游行示威法〉办法》，太原市人民政府制定出台了《太原市关于集会游行示威的若干规定》。两部规章级别与效力不同，但都对警察为现场制止违法犯罪行为之需使用警械进行了规定。

（六）行政规范性文件

为保证《人民警察法》和《条例》等法律法规在执法实践中便于操作和为民警准确把握，公安部制定了相关规范性文件，比较主要的有《公安机关人民警察现场制止违法犯罪行为操作规程》和《公安机关人民警察佩带使用枪支规范》（以下简称《规范》）两部。虽然效力级别位于法律、法规和规章之下，但是这些规范性文件能够为基层民警执法提供更清晰的程序指引和更明确的裁量标准。虽然，在法院审理相关案件时，法官只是有选择地参考而不是直接援引其中规定作为依据，但它们依然提供了审查民警是否违法使用强制手段的标尺。与上述两部文件类似的还有《公安机关执法细则》《公安机关公务用枪配备办法》《公安机关现场执法指引》《公安机关人民警察盘查规范》以及《公安单警装备配备标准》等规范性文件。此外，各地公安机关还会依据上位法和公安部下发的规范性文件出台本机关适用的规范性文件，如《湖南省公安厅公安机关人民警察佩带使用枪支规范》。

需要注意的是，无论是研究者还是基层民警，往往将上述文件与公安部制定的部门规章混为一谈。甚至很多学术论文都将这些规范性文件称为公安部出台的部门规章。虽然二者都是公安部制定的规范性文件，但前者效力级别明显低于后者。主要区别在：首先，前者的发文方式通常为“公通字 ×× 号”，而后者发文方式通常为“公安部 ×× 号令”。显然，前者以通知形式发文，自然效力级别低。而后者以公安部命令的方式发文，更显严肃庄重。其次，前者的制定程序一般无统一规范可循，而后者则要经过公安部部长办公会议通过。最后，前者可公开，也可不公开，仅作为内部规范，而后者必须向社会公开，为公众所知晓。

（七）国际条约与协定

这里的国际条约与协定仅限于我国缔结加入的国际条约和协定。依据我国《缔结条约程序法》及相关法律规定，我国承认已经缔结或加入的国际条约与协定之法律效力，认为这些国际法可成为我国适用的法源。我国已经缔结《世界人权宣言》和《公民权利和政治权利国际公约》两项国际公约。这意味着我国也提倡在警察使用强制手段过程中应尊重和保障人权，禁止以酷刑、侮辱人格的方式使用强制力。

与此同时，我国还缔结了《关于在航空器内犯罪和其他某些行为的公约》（简称《东京公约》）、《制止非法劫持航空器公约》（简称《海牙公约》）、《统一国际航空运输某些规则的公约》（简称《蒙特利尔公约》）等几项涉及航空安保领域的公约。这些公约都成为了我国民航空中安保民警使用强制手段执行反劫机、制止其他机上严重违法犯罪行为等任务的直接法律依据。

五、我国警察使用强制手段法律规范体系的问题透视

通过对上述我国警察使用强制手段法律渊源分析可见，我国该类领域立法已经形成了由《人民警察法》授权使用警械武器、以《条例》为主干、各领域的作用法形成补充与呼应、由相关规章和行政规范性文件进一步细化增强可操作性的立法格局。总体来看立法内容比较完整，层级分布贯穿宪法到规范性文件十分全面。但应承认，该法律规范体系还存在授权规定缺位、有违法律保留原则、条文间冲突矛盾的问题。

（一）缺乏对警察使用强制手段整体授权的法律依据

回顾我国该领域立法史可发现，我国一直缺乏对警察使用强制手段进行整体授权的法律依据。1980 年，经国务院批准，公安部公布实施了《人民警察使用武器和警械的规定》。其中并未涉及使用强制手段的概念，而只是对使用警械武器进行规定。到了 1995 年，《人民警察法》仍然局限在第 10 条对于使用武器的赋权和第 11 条对使用警械赋权的范围内。1996 年施行的《条例》虽然提出了

强制手段的概念，然而以现今的眼光来看其立法层级太低，依然违反了法律保留原则。可见，主要法律法规的授权都集中在使用警械武器范围内，而没有涉及使用强制手段的整体授权。

无奈之下，学界只能重返1983年最高人民法院、最高人民检察院、公安部、国家安全部、司法部《关于人民警察执行职务中实行正当防卫的具体规定》，试图从中找寻使用强制手段的授权依据。该规定第2条规定，“人民警察执行职务中实行正当防卫，可以按照1980年7月5日国务院批准的《人民警察使用武器和警械的规定》，使用警械直至开枪射击”。从表面上看，该规定授权民警使用警械武器进行正当防卫，但并没有局限在使用上述两种手段之中。既然使用了正当防卫的表述，比照公民的正当防卫要求，应该对防卫手段持宽松的态度。然而，此种思路的难点在于，本书第二章已然分析过，不能用正当防卫理论来解释所有的警察使用强制手段行为。

（二）僭越了法律保留事项

考查《人民警察法》第10、11条规定可发现，警察使用警械和武器权力的具体行使要通过“国家有关规定”来规范。此处的国家有关规定即是《人民警察使用警械和武器条例》，而《条例》也是规范人民警察使用警械武器的主要依据。但是，检视《立法法》第8、9条可得出结论，涉及犯罪和刑罚、剥夺公民政治权利、限制人身自由的强制措施和处罚，是绝对的法律保留事项。如果说在2000年实施《立法法》以前还可借助《条例》作为行使部分强制手段的法律依据，《立法法》之后再以《条例》作为依据则面临严重的挑战。《条例》的制定主体是国务院，应属行政法规，效力位于宪法和法律之下。将直接关乎公民生命健康与人身自由权的使用警械武器权交由这样一部行政法规来规范，实有僭越法律保留事项之嫌。

同样陷于这种尴尬境地的还有《看所守条例》《民用航空安全保卫条例》等行政法规中关于使用强制手段的条文。此外，公安部制定的各种部门规章中涉及使用强制手段的条文和依据《条例》制定出台的各种规范性文件的法效也要打上折扣。可见，法律的缺位不仅表现在对强制手段整体授权条款的缺失，还表现在集使用强制手段的原则、条件、程序、法律责任于一体的《条例》法律效力层级太低。使用警械武器具有人权侵害性，应该有警察作用法的授权方能得以行使，不能仅以行政法规或规章甚至其他规范性文件作为依据。

（三）不同层级的法律规范之间存在冲突

如前文分析，我国警察使用强制手段的法律规范体系贯穿从宪法到规范性文件各个位阶，可谓体系庞大、层次全面，但内容却不尽一致。这就导致不同性质、不同层级的规范之间或者同级规范之间出现理解和适用上的冲突。如《条例》释义将“使用”解释为“向犯罪行为人或者其所乘驾的交通工具射击”，也就是开枪射击行为。与此同时，如前文所述，我们考查《条例》上下文运用体系解释也可以得出这一结论。而《规范》却超越了条例中所述“使用”的范围，将其规定为“包括持枪戒备、出枪警示、鸣枪警告、开枪射击行为”。很明显，对于“使用”含义的理解《条例》与《规范》并不一致。这就导致了当我们进行学术探讨时，谈及“使用武器”，无法明确所言何意。

又如，《条例》释义将强制手段的范围划定为，徒手强制（如徒手擒拿、徒手格斗等）、使用警械强制、使用武器强制和使用非规定的器械而实施强制四种。这也是我国相关法律规定第一次提出强制手段的概念。而后来的《规程》又将强制手段界定为口头制止、徒手制止、使用警械制止、使用武器制止四种。对比《条例》和《规程》中的强制手段范围可发现，多了口头制止，少了使用非规定器械。这就又造成了上位法与下级规范之间的法律冲突。也正因如此，很多民警甚至都不清楚，使用非规定器材也是我国法律承认的一种强制手段。

六、我国警察使用强制手段法律规范体系的重构进路

我国警察使用强制手段法律规范体系尚不完善，今后的立法规划应着力建构起组织法与作用法各尽其用，上、下位阶法律协调统一、有序衔接的法律规范体系。笔者建议按照如下层次和步骤重构现有法律规范体系。

（一）在《宪法》中补充保护生命健康权的条款及免责规定

公众之所以关心警察使用强制手段这一问题，不仅缘于该问题影响公安机关的执法公信力、关乎人民对于国家机关的印象，更主要的原因是警察使用强制手段“会对公民的身体乃至生命造成直接威胁甚至剥夺”①。我国《宪法》规定了“国家尊重和保障人权”“公民的人身自由不受侵犯”“公民的住宅不受侵犯”，但没有明确规定“公民生命健康权不受非法侵害”这一权利。更遗憾的是，我国宪法没有规定，若依法使用强制手段造成公民身体健康伤害甚至侵害生命不负法律责任。

增设上述规定不是无意义的主观臆想，正因为关涉公民生命健康权，所以才应正式写入宪法条文，让公民知晓自身的权利，同时也提醒执法者依法执行职务。当然，此举也会让执法者充满信心地投入执法。我们还应看到，此类宪法规定已有立法经验可循，而不是我们的独特创造。美国宪法第 5 修正案规定，未经正当法律程序，不得剥夺任何人的生命、自由和财产。《欧洲人权公约》第 2 条规定，人的生存权受到法律保护，不得故意剥夺。但如果为执行判决、防卫暴力、合法逮捕、镇压暴力或叛乱，则不在此列。因此，笔者建议在我国宪法人权规定中，补充保护生命健康权的条款，并纳入执行刑罚，公民正当防卫和紧急避险，国家机关工作人员依法履行职责，超法规违法阻却事由等免责事由。

（二）在《人民警察法》中明确警察“使用强制手段权”

有研究者认为，“我国警察法不统一、法出多门、立法规范缺乏系统性、可操作性，内容上相互交叉、重复”②。零散杂乱的立法带来理解和掌握上的困难，这让警察在执法实践中感到无所适从。与此同时，狭义上的警察法规定内容太过原则性，不够细致全面，导致可操作性不强。面对上述症结，有研究者开出

---

① 仲崇玲、赵国勇．警察使用枪支的法律规制．河北公安警察职业学院学报，2010，10（3）：61-63.

② 周艳萍、黄波．俄罗斯联邦警察法立法技术及启示．中国人民公安大学学报（社会科学版），2013，29（6）：124-130.

了借鉴《俄罗斯联邦警察法》的立法技术，制定一部统一的警察法法典的药方。期望通过编纂警察法法典将警察职责与权力、使用各种强制措施和手段的原则、条件、程序和限制、警务保障、人事培训、财务和后勤以及执法监督等方方面面一网打尽。

笔者承认我国警察法现存诸多问题，上文中的不同层级法律规范的冲突和矛盾就是问题的反映。然而，通过编纂警察法法典解决这些问题并不适宜。包罗万象的警察法法典并不能让人一劳永逸， 因为法典有其先天的局限性。首先，面对飞速发展的社会和变动不居的执法环境，警察职权的行使也呈现出流变的特点。警察法典的刚性和稳定性很难满足这种灵活性的需求。频繁地修改警察法典，也会削弱法典的权威性。其次，即便内容全面、表述细致，我们也难以让基层民警单单依靠法典文本去街头执法，法官也不可能只看法典对案件做出判断。我们还是要依靠各种细则、规范、指南对法典内容进行解释，这无疑是重走老路。最后，通过法典将组织法、作用法、监督法一网打尽的立法技术，无法突出重点。无论是引导公众了解警察在何种情况下会使用强制手段、还是帮助民警掌握在执法现场应按何种程序使用强制手段，抑或支撑法官判断什么样的使用强制手段才是合法的，其关键都在于规范警察行使职权的作用法。将作用法囫囵并入警察法典，无疑是将主次矛盾混淆在一起。

因此，优化《人民警察法》的着力点并不在于要让其扩张范围和更加细致，最终造出一部超级法典。笔者建议，应延续现行《人民警察法》组织法的定位与构造，让组织法与作用法泾渭分明，突出重点。这样一来，作为组织法的《人民警察法》会更加稳定，省去我们动辄要对其修改以跟进不断变化的警察职权行使模式之负累。取而代之的是，《人民警察法》应专注于全面清晰地构架各种警察职权，使警察依法履行职责首先能获得组织法的依据。这其中就包括对警察使用各种强制手段赋权，而不仅仅是停留在使用警械武器的范围内。

（三）制定“警察使用强制手段法”为作用法

因为缺乏高位阶的警察使用强制手段作用法，所以我国现行法律规范僭越了法律保留事项。从行政组织法和作用法的定位与职能出发，有组织法的权限授予并非意味着有作用法上的授权。我国台湾学者李震山教授认为："在法律保留的要求下，行政机关必须在组织法之规定外（管辖、权限、任务），还要有作用法的授权（职权、权能之行使）才可以对人民采取一定的措施。"[①]从保护生命健康权的角度出发，将规定警察使用强制手段的作用法的立法层级提升至法律才是合理的。也只有这样才能与《立法法》的法律保留原则一致。国内有学者提出制定"人民警察警械和武器使用法"，有学者提出制定"人民警察使用徒手格斗、警械和武器法"，也有学者提出仿效我国台湾地区制定"警察职权行使法"。

然而，这些都不是解决问题的最佳路径。一方面，如果规范的对象太窄，如只涉及使用警械或武器，则会导致立法碎片化。无法将使用徒手制止、使用非规定器材制止以及其他潜在的强制手段（如驱使警犬扑咬）纳入。另一方面，如果规范的对象太宽泛，如"警察职权行使法"则无法凸显使用强制手段的特殊性。毕竟不是所有的警察职权都关涉相对人的生命健康权和人身自由权，也不是所有的执法手段都能外化为有形实力施加于人体。因此，笔者建议以现行《条例》为主干，整合其他使用强制手段的行政规定和规范性文件，制定"警察使用强制手段法"。如此中观规模的立法可以使所有强制手段找到作用法上的授权，使法律保留的原则得以体现，又避免了面面俱到、冗长拖沓。组织法和作用法也可在法律规范体系中回归本位。

更为重要的是，应力求使"警察使用强制手段法"起到作用法的作用。从使用程序上来看，应将使用强制手段前的戒备、警示、警告的适用情形和使用后的现场处置步骤都纳入规定之中。而不仅仅是对打击、控制或约束这一核心环节进行规范。此外，还应将对警察使用强制手段的责任归属、调查和审查程序一起并入"警察使用强制手段法"。为避免内容重复，本书还将在后续的篇幅中一一讨论上述问题。

（四）保留各单行法律、法规和规章之中的使用强制手段条文

有学者主张，在完成了使用强制手段的作用法立法工作之后，应将散乱在警

---

① 李震山．警察行政法论——自由与秩序制折冲．元照出版公司，2007：214.

察行使职权的各单行法律、法规和规章中的使用强制手段条文统统删除。理由在于，这些条文不仅散乱，而且法效高低不同、内容重叠、还会出现冲突。对此，笔者持审慎态度。这些碎片化的条文确实存在上述问题，但也不应对其实用价值视而不见。

即便出台“警察使用强制手段法”也不可能将所有的使用情形和场景设想到位，那么这些留白就要靠其他单行作用法（单行法律）来弥补，否则我们将又一次违反法律保留原则。与此同时，在不同的执法任务和执法环境中，警察使用强制手段会有不同的程序要求。这些个性化的程序要求只能在相关行政法规和部门规章中加以阐明细化，而不能在作用法之中统一规定。例如，《集会游行示威法实施条例》第 23 条规定，遇危害公共安全、扰乱社会秩序之情形，在使用警械或者采用其他警用手段强行驱散人群之前，应进行广播和喊话等明确方式告知在场人员。这种特别的程序规定，只能依靠单行法来供给。

此外，在很多单行法中，立法者会重申可以使用强制手段的情形。这些条文不会成为理解和实践的负担，因为它们完全没有创设新的权利和义务。这些条文只是提醒执法者注意，在该种情况下使用强制手段是被法律允许的，而且也应该这样做。如《公路巡逻民警队警务工作规范》第 20 条第 5 项规定，“当盘查对象有异常举动时，民警应当及时发出警告，命令其停止动作并做好自身防范，可以依法视情使用警械予以制止”。诸如此类的条文，笔者建议不但不应删除，还应从实务的角度保留和提倡。如果条文本身就能提示执法风险，那么我们为什么要否认其存在的价值呢？

（五）制定明确具体、有可操作性的规范性文件

作为规范民警使用强制手段的主体法律依据，《人民警察法》和《条例》已经实行超过 20 年了。有学者认为，“在社会快速发展与变革的今天，其中一些条款应当与时俱进并作适当调整，以应对新形势下的警察执法需要”[①]。但法

① 高琴心．警察武器使用的制度性建构与进路设计．中国人民公安大学学报（自然科学版），2016（4）．

律应该具有稳定性，朝令夕改无疑会折损法律的权威。稳定与满足社会需求之间的缺口，就需要法律解释来填平，这也是规范性文件的用武之地。这些表现为执法细则、裁量基准和操作指南之类的规范性文件在西方被称为白皮书（white paper）。相对冰冷的法律条文来说，这些白皮书才是警察获取使用武力法律依据的主要源泉。我国现行适用的《公安机关执法细则》也是积极借鉴我国香港地区《警察通例》的成果。为使规范性文件明确具体、具有可操作性，笔者建议处理好以下几个关键问题：

第一，将现行使用强制手段的规范性文件整合到《公安机关执法细则》中去，使之形成统一的文本。目前我国警察使用强制手段的规范性文件主要有《规程》和《规范》两部文件。虽然都属公安部制定的规范性文件，但两者起草部门毕竟不同。前者由公安部法制局起草，而后者则出自公安部治安管理局。由于职能交叉和有不同的立法侧重，两文件难免有重复和冲突之处。笔者建议，将两个文件连同散见于其他规范性文件中的相关条文一同整合到《公安机关执法细则》之中。有了统一的文本，更便于民警全面理解和掌握相关要求。

第二，在实体性规定上，应将使用各种强制手段的情形化为具体执法场景和情况，这样更符合民警的认知习惯。使用强制手段往往是民警遭遇暴力抗法、袭警等危及情况下做出的瞬间决断。无暇将文本意义与现场情况两相对照再做出决策。在巨大的心理压力下，民警往往是按照训练与执法经验对具体情境快速做出反应。因此，在描述情形时尽量使用情境化和动作化的语言，将有利于民警准确把握。例如，《规程》第 19 条规定，以轻微暴力方式实施违法犯罪行为，尚未严重危及他人人身安全，经警告无效的，公安民警可以徒手制止。然而，何谓轻微暴力方式却依然让人困惑。《规程》释义将其解释为挣脱、拉扯、推搡等暴力行为。这就让民警能够将条文与真实的执法情况对应起来，因为该解释相对具体地创设了一种情境。

第三，在程序规定上，规范性文件不得脱逸出上位作用法做出的程序规定。除明确裁量基准外，规范性文件的另一功能是，将执法要求通过执法程序规定落实到民警的每一个执法行为和执法动作中去。易言之，细化程序是规范性文件的内在逻辑。然而，这种细化应是在上位作用法的程序规定之下进行细化，而不能突破这个界限。例如，《条例》对使用武器做出的程序规定只有经警告无效和事后处理。而《规程》第 31 条第 2 项还规定了出枪示警的程序。《规范》第 12、13 条分别做出了“持枪戒备”和“出枪警示”的程序性规定。这些规定明显已经超越了警告的范畴，不是简单地对于上位法程序的细化。与此同时，它们将在一定程度上影响相对人的自由权，是一种负担性行政行为。这也是与立法法精神相抵触的。

第四，在全国适用的规范性文件指导下，各地公安机关应集合本地资源与智慧，制定适用本地的警察手册。如果仅仅是重申上级规范性文件，则是一种立法资源浪费。例如，芜湖市公安局 2006 年下发了《民警处置常规警情分级使用武力规范》，借鉴我国香港地区《警察通例》的立法体例，将违法犯罪行为的危险性和警察武力分级，指引民警按照危险的层级采用相应武力。第四章专章规定了事后报告的内容、程序、现场调查和事后调查程序以及调查报告内容。第五章规定了市公安局成立使用武力评估委员会，经评估委员会会议形成决议，对使用武力事件进行评估。这些规定都是当时的上位法未及详述的部分。该文件还附上了《民警使用武力报告》《民警使用武力调查报告》《民警使用武力评估报告》的格式范本。毫无疑问，该公安机关的这部规范性文件能够让民警对自己的武力行为有更准确的临场判断和后果预期，因而也更有可操作性。

第四章

警察使用强制手段的法律原则探寻与适用方案

法律原则是法律的基础性真理，寄托了法律的总体精神和根本价值。[①]它不预定某种事实状态，也不明确具体的权利义务，更不宣誓法律后果。由于嵌入了道德和正义的重量，它导引着人们真诚地尊重和信仰法律。面对疑难案件，法官得以突破法律规则，适用法律原则做出裁判。这些独有的价值不禁让人联想，在警察使用强制手段法律规范体系之中，存有哪些法律原则？它们又起到了什么样的作用？在缺乏法律规则时，民警是否可以适用法律原则对争议情形做出强制手段裁量？如果回答是肯定的，这些裁量又应遵循什么样的方法与路径？本章将渐次回答上述问题，在梳理相关法律原则、申明其规范价值的基础上，进一步阐述法律原则在警察强制手段裁量中的适用方案。

一、法律原则何以为警察使用强制手段法律规范体系所必需

长久以来，人们希望通过法律提前知晓自身行为可能产生的法律后果，希望自己应享有的权利能够被确认和保障，希望出现纠纷时能够依照程序解决。正是法律规则的确定性有效保障上述价值得以实现，警察使用强制手段法律也是如此。通过相关法律规则，一定的违法犯罪行为与警察使用强制手段种类、层级之间的对应关系被固化。警察使用强制手段的程序被明确宣誓并要求遵守。一系列限度要求在执法实践中得以落实。然而，在实现上述价值的同时，法律规则也表现出其固有的局限性。因此，法律原则对警察使用强制手段才显得必不可少。

（一）法律原则可为法律规则的矫正装置

法律规则的确定性表现为事实要件和结果要件之间稳定的“映射关系”，它们以“全有或全无”的形式运用于个案之中，要么生效，要么无效。在这种全有

① 刘风景．法律原则的结构与功能——基于窗户隐喻的阐释．江汉论坛，2015（4）：114-121.

或全无的规范创设的法律关系之下，人们追求权利和义务公平地分派，将有限的资源按照合理的标准在社会成员中分配，通过文明高效的手段定分止争。然而，这种“要么全用、要么不用”的规范形式只注意到适用对象的种属类别，却无法获得调整个案关系的最优效果。有时甚至会背离个案正义，影响法律目的实现。法律原则可以在上述情况下纠正讹误，重拾公平正义。

例如，《条例》第 9 条第（4）项规定，“以使用枪支、爆炸、剧毒等危险物品相威胁实施犯罪的”为警察可以使用武器之情形。《条例》释义将该规则解释为，犯罪行为人当场持有枪支、爆炸、剧毒等危险物品，尚未使用、但是当场可以使用，并威胁要当场使用实施犯罪的，如持枪抢劫。仔细分析上述表述可发现，“当场可以使用”的解释就意味着行为人所持的枪支为有杀伤力的枪支，而不是仿真枪或者玩具枪。因为后者不具有杀伤作用、无危害性，自然也就谈不上“使用”的问题。而对于民警来说，遇持枪相威胁实施犯罪的行为人时，实在难以凭外观判定其所持之枪是否为“可以使用”的枪支。如果民警开枪后发现行为人持有的是玩具枪，并因此被判违法开枪，则明显背离了公平正义。此时，便需要引入“保护警察执法权益”之法律原则，为上述法律规则创设例外，对使用武器的合法性做出重新考量。

（二）法律原则可为法律规则的补漏装置

“警察与市民遭遇的情境千变万化，法院和立法机构不可能列举出使用武力的每一种情形，他们提供的指引虽明确但难以全面”[①]。提供确定指引是法律规则的固有品格，但无法回避的问题是规则涵盖的范围难以周延，规则的盲区和漏洞始终存在。社会法学派代表人物庞德对法律规则的这一特性作出了精当的解读，“为每一种详细的事态制定精确的法规是不可能的……与法律秩序的各种限制进行着紧张斗争的无限人类才智、生活环境的无限多样、一切事物都不能避免

---

① Marcus，Ayodeji，Araromi，et al. Breach of Human Rights by Nigerian Police in the Performance of Its Functions. " Need for a Reform，2013，40（5）：466–493.

的变化、以及不断进步的发明和发现都使一套绝对完整的法规无从谈起”[①]。因此，在规则缺席的场合下，人们要依赖法律原则填补空白，做出更为合理的裁判与抉择。

依据《条例》第7条第（5）、（6）项规定，以暴力方法抗拒或者阻碍人民警察依法履行职责或者暴力袭击人民警察的，民警可以使用驱逐性、制服性警械予以制止。若上述行为危及民警生命安全，依据《条例》第9条第（10）项规定，民警可使用武器制止。然而在执法实践中，行为人往往并未实施积极明确的暴力抗法、暴力拒捕或袭击民警行为，而是采取手持凶器与民警对峙的方式消极抗拒执法。若严格遵循条文规定，上述行为尚未达到使用警械和武器之情形。如果不允许民警使用警械武器，采用徒手方式上前制止，则是置民警生命安全于不顾。这种两难境地归根结蒂缘于法律规则在行为人消极抗法上的疏漏。如能以“及时制止违法犯罪行为”和“尽量避免人员伤亡”两原则进行补正，则使用驱逐性、制服性警械制止即可获得合法性。

（三）法律原则可为法律规则的缓冲装置

通说认为，法律规则包含行为模式和法律后果两个要素。行为模式记述了人们可作为、应作为或不得作为的行为方式，而法律后果则宣示了上述行为方式可能出现的法律评价或反应。当待决个案事实与规则中的法律事实建立了对应关系，应然的法律后果也随之确定。若待决个案事实不符合法律事实，相应法律规则将归为无效。因此，规则间的冲突直接指向效力问题，是非此即彼的刚性冲突。这便意味着警察将根据现场危险情形决定适用一个最优的强制规则，而排除适用其他规则。这种法律规则之间的冲突有时会削弱法律规范体系的统一，得出不合理的法律后果。

不妨假定“嫌疑人徒手抢劫路人”，辨析遇此情形民警使用何种强制手段为合法？《条例》第9条第（8）项规定“结伙抢劫或者持械抢劫公私财物的”

① ［美］罗·庞德．通过法律的社会控制－法律的任务．沈宗灵，董世忠，译．北京：商务印书馆，1984.

为依法使用武器的情形，因为此两种情形严重危及被害人人身安全。与此同时，也就将徒手抢劫排除在使用武器的情形之外。但《条例》第9条第（13）项规定“实施放火、决水、爆炸、凶杀、抢劫或者其他严重暴力犯罪行为后拒捕、逃跑的”为可以使用武器之情形。易言之，民警遇现行的徒手抢劫行为不可使用武器，但若嫌疑人徒手抢劫后逃跑却可使用武器制止。这是明显有违法律常识的悖论。其原因在于《条例》第9条第（8）项与第（13）项两条规则存在冲突。而破局之道就在于，秉持“比例原则”对第9条第（13）项重新进行解释，消解刚性的规则冲突，维护法律规范体系的统一。

二、探寻警察使用强制手段的法律原则

法律原则是警察使用强制手段法律规范中不可或缺的要素，那么我们依靠什么识别这些原则？或者说，我们凭什么宣布某一原则得到各国公认，成为警察使用强制手段法律原则？德沃金认为，“法律原则源于公共正当意识，并且需要得到制度性支持”[①]。我们将承袭这一标准，通过发掘各国法律规范中的制度性支持，探寻其背后的公共正当意识，尝试梳理警察使用强制手段法律规范中的法律原则。

（一）依法使用原则

警察执法活动是代表国家行使人民所立法律的行为，其实质是承认人民高于政府，这也是世界各国普遍承认的基本原则。那么，警察使用强制手段的行为就应依法而为，受法的拘束。如果违反法律，超越法律使用强制手段，要承担相应法律责任。具体讲，依法使用强制手段主要包括如下要求：

1. 依法使用中的“法”应包括规范体系

依法使用强制手段中的“法”，包括宪法、相关法律、行政法规、规章和公

① ［美］罗纳德·德沃金．认真对待权利．信春鹰，吴玉章译．中国大百科全书出版社，1998.

安部制定的其他操作规程、裁量基准、操作手册等内部规范性文件。在各种法的形式中，宪法具有最高效力。法律的效力又高于行政法规，行政法规的效力高于部门规章。在具体适用中，警察个体须注意在下位阶法的原则、内容与上位阶法发生冲突时，适用上位阶法而不适用与上位阶法相抵触的下位阶法。与此同时，依法使用中的“法”应为现行有效的法，而不是一种未来可能有效的立法倾向或修改建议。例如，《人民警察法》修订草案稿中有如下建议，“持有武器的人民警察遇有违法犯罪行为人拒不听从该人民警察保持安全距离的指令，有权使用武器”。此项建议对保护民警佩枪和人身安全有着重要意义，而且也符合警务实战中的安全原则。但应当承认，该项建议已经僭越了现行《人民警察法》和《条例》中民警依法使用武器的范围，因此尚不能成为民警开枪的合法依据。

2. 依法使用中的“法”应包括法律原则

依法使用不仅要求警察依据法的明文规定使用强制手段，还要求其遵循秉承法的原则、原理执法。这是因为：第一，具体条文的规定是有限的，不可能对每一种使用强制手段的情形都作出明确、具体规定。因此，法律必须给执法者留出临场决策和自由裁量的空间。而引入自由裁量的同时也带来了专权滥用的风险，因此应以本章中所述之法律原则与精神规约警察使用强制手段。第二，各种使用强制手段的条件、情形、程序等规则受法律原则、原理支配。这些原则、原理不仅统领使用强制手段法律规范的制定，而且还指导使用强制手段的行为和相关争议的解决。如果拘泥于法律规则的文字表述和具体规定机械执法，就可能背离法的目的，产生负面的社会效果。第三，法律规定在现场情况的适用依赖法律解释。由于立法技术所限，立法者只能将使用强制手段的情形作类型化处理，这导致相关法律规定的含义并非确定无疑。在法律解释出现分歧的情况下，执法者如何确定法律规定在具体情境中的含义，就必须依据法的原则、原理。

3. 依法使用中的“法”应指征综合向度

依法使用强制手段应在使用主体、情形、程序和限度诸方面做到依法。从职权的角度讲，我国使用强制手段的适格主体应是人民警察，而非辅警或其他工作人员。若使用武器还需要人民警察获得公务用枪持枪证，而不是需要什么“执法证”。从实体要件上讲，出现法定情形方能使用强制手段。与此同时，应遵循现场情形与强制手段层级的相适应关系。例如，面对行为人以撕扯、推搡方式实施的暴力抗法行为，民警就不能使用武器制止。从程序要件上讲，使用过程中应遵守法定的使用方式、过程、步骤、限度等要求。如先行警告、命令无关人员闪避，事后保护现场、收集证据、报告上级，使用过程中注意区分强制对象、打击部位等。

4. 依法使用中的“法”还应包括接受监督

使用强制手段首先是一种行政行为，而依法行政就意味着依人民的意志和利益执行公务，必须接受民众通过各种方式和途径实施的监督。脱离了民众监督，使用强制手段权也会被滥用，民众的利益也就必然被侵犯。在全国公安机关规范执法视频演示片中，公安部就明确了如下要求，在群众拍摄不影响执法的情况下，民警要自觉接受监督，习惯于在镜头下执法，注意规范执法行为，不说过头话，不做过激事。不得强行干涉群众拍摄，夺取拍摄器材或强行要求删除。除了现场监督外，针对使用强制手段争议而展开的公安机关内部调查和检察院调查，相关行政诉讼与赔偿程序也能起到监督作用。在美国，各地警局还以规范的标准将警察使用武力数据报告给司法统计局。在此基础上形成的年度报告也一并对公众披露，相关原始数据在互联网上公开便于查阅[①]。

（二）保障人权原则

尊重和保障人权原则既是宪法的基本原则，也是行政法的基本原则。[②] 在警察使用强制手段的法律原则中，应纳入人权与尊严的重量。联合国第七届大会第 14 号决议强调，“执法人员使用武力和火器时应注意对人权的适当尊重”[③]。联合国《执法人员行为守则》第 2 条规定，“执法人员在执行任务时，应尊重并

---

① Klinger D，Rosenfeld R，Isom D，et al. Race，Crime，and the Micro-Ecology of Deadly Force. Criminology & Public Policy，2016，15（1）：193-222.

② 姜明安等 . 行政法与行政诉讼法 . 高等教育出版社，2015.

③ 联合国公约与宣言检索系统 . 执法人员行为守则 . https：//www.un.org/zh/documents/treaty/files/A-RES-34-169.shtml.

保护人的尊严，并且维护每个人的人权”[①]。我国《国家人权行动计划（2009—2010 年）》在第二章“公民权利与政治权利保障”第一节“人身权利”中规定，在执法、司法的各个环节，依法保障人身权利，严禁刑讯逼供，严禁执法人员实施非法拘禁的行为。该计划第四章“人权教育”部分同时申明，有重点地开展针对公职人员的人权教育培训，特别是针对公安、检察院、法院、监狱、城管、行政执法机构等特定执法机构和人员的人权教育培训。各执法部门根据自己的工作特点制订人权教育培训计划[②]。我国宪法也确立了尊重与保障人权原则，在警察使用强制手段领域，保障人权原则要求：

警察在使用强制手段时，应充分尊重执法相对人的人格，不得对相对人实施精神折磨或其他侮辱人格的行为，如刑讯、体罚、示众、故意公开其隐私等。前文述及的伯耶德诉比利时案中，欧洲人权法院就判定警察对伯耶德的掌掴行为（虽然此前伯耶德曾出言挑衅该警察），已经侮辱了相对人的人格。同理，在我国基层执法实践中，也偶有警察遭相对人辱骂、挑衅后，以“掌掴”制止的情况发生。警察使用强制手段应抱持着法治与人权的精神规范展开。当事民警应在口头制止无效后，实施口头传唤命令相对人配合调查。若相对人仍不配合，再以强制传唤执行。

警察在使用强制手段时，不能侵犯合法的公民基本自由和政治权利。当公民依法行使集会、结社、游行、示威等自由时，警察无权以武力径行驱散。在上述活动有违法行为存在，或上述活动演化为骚乱、暴乱时，警察方能使用强制手段。对公民的人身自由权，警察不但不能随意侵犯，而更应加以保护。但若公民的自由已经越界，如强行冲越警察为履行职责设置的警戒区域，则警察有权以强制手段制止。此外，公民对于警察使用强制手段的监督权、申诉权、控告权、检举权也应予以保障，它们都是公民权利的体现。

---

① ［美］罗·庞德．通过法律的社会控制－法律的任务．沈宗灵，董世忠，译．北京：商务印书馆，1984.

② ［美］罗·庞德．通过法律的社会控制－法律的任务．沈宗灵，董世忠，译．北京：商务印书馆，1984.

警察在使用强制手段时，应尽量保护相对人财产权。这包括三个方面的要求：一是采取积极的措施，防止相对人财产被侵犯。我国《条例》第4条规定，“人民警察使用警械和武器，应当以制止违法犯罪行为，尽量减少人员伤亡、财产损失为原则”。二是如果警察违法使用强制手段，侵犯了公民合法财产权益，警察机关应依法承担赔偿责任。三是警察依法使用强制手段侵犯了相对人财产权，所在机关应对其财产损失给予补偿。

（三）广义比例原则

比例原则的基本含义是行政机关实施行政行为应兼顾行政目标的实现和适当性手段的选择、保障公共利益和相对人权益的均衡。[①] 比例原则有广义和狭义之分，本章所述比例原则取广义解，有三项要求：

其一，必要性原则。使用强制手段是侵益性行政行为，只有确定该手段是为达到正当行政目的时，方能实施。我国《条例》第2条规定，“人民警察制止违法犯罪行为，可以采取强制手段”，可谓阐明了使用强制手段的正当目的——制止违法犯罪行为。只有为了实现这一目的，强制手段才有合法性。必要性原则在很多国家都有立法基础。例如，美国联邦宪法修正案第4条确立的“威胁生命原则”就规定，只有在有合理理由相信嫌疑人对警察或第三人的身体或生命已造成伤害或构成威胁时才可以开枪。[②] 显然，该原则宣示了“为保护生命才有必要开枪”的原则。英国的“生命威胁原则”和日本的“生命防卫原则”也都强调了必要性原则。[③] 从否定的角度看，如果使用强制手段不是为了制止违法犯罪行为这一目的，也就失去了正当性。例如，警察在抓捕中完全控制行为人后继续对行

① Marcus，Ayodeji，Aıaromi，et al. Breach of Human Rights by Nigerian Police in the Performance of Its Functions【J】." Need for a Reform，2013，40（5）：466-493.

② Sadler M S，Correll J，Park B，et al. The World Is Not Black and White：Racial Bias in the Decision to Shoot in a Multiethnic Context【J】. Journal of Social Issues，2012，68（2）.

③ 王敏.域外警察枪支使用法律制度的启示.中国人民公安大学学报(社会科学版)，2015，31（3）：141-149.

为人殴打，就违背了必要性原则。

其二，适当性原则。早在1829年罗伯特·皮尔建立“大伦敦警察厅”之初颁布的《警察训令》就有该原则的表述，“警察只有在说服、建议和警告都不足以实现警察目标的情况下才能使用需要程度的武力……警察应该在任何情况下都使用最低限度的武力以实现警察目的”。该表述也被称为“最小武力原则”，倡导警察为实现目的所采取的强制力应是诸种方案中最温和、侵害性最小的措施，尽量减低对相对人利益的损害。后来该原则逐渐成为世界公认的警察行动准则。联合国《执法人员使用武力和火器的基本原则》第4条也规定，“执法人员在执勤时应尽可能采用非暴力手段，最后不得已方求诸使用武力或火器。他们只能在其他手段起不到作用或没有希望达到预期的结果时方可使用武力和火器”[①]。我国《条例》第2条规定和俄罗斯的适度使用警械原则[②]都秉承了这一法则。

其三，均衡性原则。警察使用武力过程中，应权衡各方面利益，确定使用某种强制手段不仅对于制止违法犯罪行为这一目的是必要的，同时能保全的利益还要大于可能侵害的利益。不得使用超越正当目的所需的过度的强制手段，尽可能使相对人所受伤害减少。例如，嫌疑人抢劫后驾车逃跑，警察就不应向正在行驶的汽车开枪。因为，警察在此情形下保护的利益是人们免于嫌疑人后续作案的伤害，带来的危害却是车辆可能因枪击失控、冲撞其他人员。开枪保护的法益与造成的侵害明显违背均衡性原则。很多西方国家为一线警察装备了电击枪、网枪、制晕枪等非致命武器。其目的在于，用上述装备限制相对人的抵抗能力，减少致死强制手段的使用，进而维持保护法益与产生伤害之间的均衡。

（四）正当程序原则

正当程序起源于英国古老的《自由大宪章》，在美国迅速传播发展，其最初

---

① 联合国公约与宣言检索系统.执法人员使用武力和火器的基本原则.https：//www.un.org/zh/documents/treaty/files/OHCHR-1990.shtml.

② 徐丹彤.俄罗斯联邦警察警械使用法律制度及其借鉴意义.上海公安高等专科学校学报，2013，23（4）：88-93.

含义为“自己不做自己的法官”和“对他人做出不利行为要事先告知、说明理由和听取申辩”的“自然正义”原则（Natural Justice），后来扩展到公开、公正、公平和参与等原则。正当程序原则在警察使用强制手段领域可体现为以下几点价值形态：

一是程序理性。警察使用强制手段往往出于具有危害性的紧急情形，若要求警察提前告知相对人，向相对人说明行为的根据、理由，听取相对人陈述、申辩，可能就无法及时制止违法犯罪行为，造成不应有的损失。但这并不意味着执法者就可以轻易放弃程序理性。在现场情况允许的前提下，至少应发出简短、明确的警告，让相对人有中止危害行为的机会和可能。因此，世界各国法律也都作出了使用强制手段前应尽量先行实施警告的规定。即便相对人不做陈述、申辩，但当其表示放弃危害行为、接受控制时，警察应视情降低强制手段的层级和力度。例如，我国《看守所条例》第 18 条在规定了五种可以开枪的情形之后进一步规定，“人犯有畏服表示，应当立即停止射击”。

二是执法公开。除案件涉及国家秘密、其他警务机密之外，使用强制手段应接受公众监督，防止权力滥用。首先应做到相关法律法规公开，公众应能了解使用各种强制手段的条件、情形和程序等规定，这样才能了解警察行动的逻辑，预知自身行为的后果。其次应坚持执法过程公开，除涉及秘密的现场，警察不得恣意干涉相对人的拍摄行为，不得抢夺、扣押相对人拍摄器材或强令其删除视频、照片。最后应推动信息数据公开，地区警察机关应对使用强制手段造成人员伤亡、财产损失和违法使用强制手段等情况进行数据统计，形成官方报告后对公众公开。对于热点和典型案件应接受媒体采访、报道，保障公众知情权。

三是公平公正。警察在使用强制手段过程中，应一视同仁、不徇私情，平等对待不同民族、种族、宗教信仰、经济地位的相对人，充分依据法律、合理考虑相关因素，做出公正的武力裁量。质言之，警察是否使用强制手段、使用何种层级的强制手段，主要考量的因素还是相对人的行为。如果一个开豪车、出入高档娱乐场所的相对人对警察出言不逊，警察应对其施以口头制止而不能直接采取徒手制止，那么一个衣衫褴褛、生活贫穷的相对人也应得到同样的对待。公平公正也是“法律面前人人平等”的宪法原则在警察使用强制手段这一领域的折射，切实影响着公安机关执法公信力。

三、重视警察使用强制手段法律原则的规范作用

法律原则在警察使用强制手段法律规范中的存在已无争议，然而这种存在有着何种程度的效用却并未被充分认识。长久以来，学界更多关注的是上述法律原则的宣示与倡导作用，却忽视了它们的规范作用。其实，法律原则在实践中完全可以规范警察的使用强制手段行为和相关司法裁判。

（一）指引警察快速作出强制手段裁量

从我国现行《人民警察法》和《条例》来看，对警察使用强制手段条件和情形的规定几乎都是类型化或模式化的，而且公安部又通过各种内部规范性文件对这些规定做了进一步的细化。这种不断向精细化、具体化方向发展的立法技术对树立确定的裁量基准，防止警察滥用强制手段裁量权无疑有积极的意义。然而，法的确定性和可操作性毕竟是两个问题。在培训授课中，一位基层民警真切地向笔者描述了自己开枪瞬间的心理活动："那一刻我根本没考虑《条例》中的15种情形，因为根本没有时间。我们需要的是每个民警都能听懂的、能在执法现场快速反应的准则，而不是法条。"[①]来自执法一线的声音表明，民警作出强制手段裁量的过程并非总是将现场情形与法定情形一一比对，然后找出相对应的强制手段。在危机突现、需要警察快速决断的现场，法律原则的指引更显实效。例如，用"生命威胁"原则判断开枪界限就比衡量15种情形更快捷有效。

（二）有助于在执法实践中实现个案正义

受限于知识局限性和理性认知能力，立法者不可能全部预见到案件发生的

---

① 刘扬．如何为基层民警上好一堂"使用武器的法律依据"培训课．公安教育，2012（9）：31−35.

千差万别情形。[①]因此，立法者只能综合常见或典型的生活情景以及基层执法经验，抽象出使用各种强制手段的行为模式，并为之设定对应的强制手段种类和层级。而在真实的执法情境中，警察显然不可能只考虑相对人的行为模式做出决定。如此“套用公式”般地适用法律也会影响执法的社会效果、失掉个案正义。例如，若精神病患持刀暴力袭警，依照《条例》第10条可依法使用武器予以制止，其法律依据明确无疑。但考虑到相对人有精神障碍、不具有刑事责任能力，若以“最小武力”原则对使用武器的决定进行纠偏，则更能凸显个案正义。可根据现场条件使用防暴盾牌、棍、叉制服，或即便开枪也击打非致命部位。法律原则之中“既有道德的内涵，又有法律的分寸”[②]，因而在执法中能起到衡平左右、指导警察实现个案正义。

（三）能够为解决案件争议提供理论支持

法律原则在立法和执法领域的规范价值已然为学界所接受，其司法适用的正当性尚存争议。有学者认为在行政诉讼中直接适用法律原则判定行政行为是否合法并解决争议，违背了依法行政原则。法律原则在裁判中只能作为法律规则的补充存在，提供一种理论上的支撑。即便如此，法律原则在司法领域的规范价值依然不容忽视。因为既定的法律规则与纷繁的案件事实之间无法建立起绝对封闭的涵摄关系，作为案件事实的小前提与作为成文法规则的大前提无法完全接洽。[③]正是案件事实与法律规则间的裂缝，催生了法律原则司法适用的可能与必要。这就需要法官利用法律原则及其背后的精神价值为法律推理提供权威性出发点，弥合单纯适用规则而产生的裂缝，使民众对案件争议的解决尊重信服。

---

① 孙丽岩．警察用枪裁量权规制的法理与程序．法律科学（西北政法大学学报），2018，36（5）：52-63.

② 秦策．法律原则裁判功能之限定．江海学刊，2011（6）：152-158.

③ 王飞．论法律原则在行政诉讼中的适用——以“北雁云依”案为例．哈尔滨工业大学学报（社会科学版），2019，21（3）：40-45.

四、法律原则在警察强制手段裁量中的适用方案

承认警察使用强制手段法律原则的规范作用，就应让这种规范作用为执法实践服务。应在理论上解决，警察在什么条件下才可以适用法律原则作出强制手段裁量，作出裁量的具体方法是什么。

（一）法律原则适用条件之限定

囿于法律原则记述事实的宽泛、结果的不确定，不加限制的适用无疑会减损法的安定性，危及个案正义。通说认为，法律规则具有无可争议的适用优先权。若警察直接适用法律原则作出使用强制手段裁量，需要实体上出现规则缺失，程序上辅以更强理由论证。

1. 规则缺失

规则缺失是指由于规则的滞后、不周延等固有局限而无法妥善解决所有个案的状态。比较典型的规则缺失包括以下几种：

一是规则模糊，即法律规则的语义表述不清、有歧义，导致不同的人适用时会有不同的理解。此时警察应在法律原则的指引下，选择契合立法目的与精神的较为理想的解释。例如，《条例》第 9 条第（3）项将“抢夺、抢劫枪支弹药、爆炸、剧毒等危险物品，严重危害公共安全的”规定为可以使用武器的情形。然而，如何界定“严重危害公共安全”却是一个问题。是只要有抢夺、抢劫枪支弹药的行为既视为危害公共安全，还是抢夺、抢劫上述物品后又实施了其他危害公共安全的行为才能开枪，让人感到模糊费解。

二是规则冲突，即在法律规范体系之中，针对同一个问题，不同的规则做出了前后矛盾，甚至是截然相反的指示和规定，进而导致了效力上的冲突。例如，前文述及《条例》和《规范》对于“使用武器”中的“使用”做出了不同解释。再如，对于强制手段包含的范围界定，《条例》和《规程》的规定就不尽一致。在实践中，到底应该优先适用哪一个规则，成为萦绕警察的一个难题。除了按照法的效力冲突解决原则处理外，法律原则也能指引我们做出合理解释。

三是规则漏洞，即法律规则中的行为模式未能包含案件的事实情形。无论

按照法律条文的文义解释、抑或立法者的立法思想、甚至整个法律文本的体系解释，都无法找到处理案件中问题的依据。例如，在抓捕行动中，相对人持刀抵住自己颈动脉，扬言以自杀抗拒抓捕。在此情形下，警察是否可以开枪就没有明确的法律依据。相对人虽有利刃在手，但并没有危及民警人身安全。劫持人质虽在警察使用武器情形之列，但相对人劫持的是自己。面对上述没有现成规则可适用的个案，民警还是应从法律原则中寻求处置依据。

四是规则悖反，即有明确的规则可以适用，规则的语义表述也很清楚，但是适用规则的结果却违反了立法者的本意，在个案裁量上产生了实质不公。例如，依据《条例》第 9 条第（13）项，相对人徒手或以殴打相胁迫实施抢劫行为后拒捕、逃跑的，民警即可使用武器制止，但此类型的现行抢劫却不可以使用武器直接制止。因为依据《条例》第 9 条第（8）项规定，结伙抢劫或持械抢劫的现行犯罪才可以直接使用武器制止。此处就出现了明显的悖论，我们无法从现有法律规则中找出调和此悖论的理想方案，只有借助法律原则的规范功能加以解决。

2. 更强理由论证

如果运用法律原则对案件进行司法裁判，法官必须提供更强的理由进行说理论证，来解释为何某条法律原则可以作为个案裁判的依据。[①] 然而，在警察使用强制手段的个案裁量中，当事警察无暇展现更强理由的论证过程。这一过程虽说是隐含在警察思维中的过程，但完全有必要向公众展现，并接受监督。各国法律法规都规定警察使用强制手段后应做书面记录或报告，这就为警察负担更强论证责任提供了载体。警察应在事件报告中解释，为何适用某条法律原则作出使用强制手段的裁量，为何排斥适用某条法律规则而去适用另一条原则进行裁量，以及为何适用这条原则而不是那条原则进行裁量。总之，警察应就适用法律原则给出“更强理由”的说理性解释。

① 庞正、杨建．法律原则核心问题论辩．南京师大学报（社会科学版），2010（1）：29-36.

（二）适用法律原则作出强制手段裁量的方法论

法律原则在警察使用强制手段中的适用情况复杂多样，并无一成不变的模式可循。以下笔者借鉴阿历克西的法律原则理论，依据规则缺失类型的不同，阐述警察做出强制手段裁量的方法与理路。

1. 规则漏洞时的裁量

当出现规则漏洞时，个案并无规则可用，此时处于“无法可依”的状态。仍然以相对人手持凶器，劫持自己对抗抓捕为假设，警察此时应考虑的是有哪些原则可能会适用于本案，可能会出现哪些裁量结果。与此案相关的原则有必要性原则 P_1 和均衡性原则 P_2。必要性原则要求我们视相对人的生命同为应保护之生命。相对人劫持自己即是危及自身生命安全，警察应予以制止。然而，均衡性原则又要求我们，不应为了保护相对人的生命而再伤害他的生命。警察应统合考量 P_1 和 P_2 在此案裁量中所占的分量，保障相对人生命安全的同时，控制强制手段不超出达成上述目的的必要限度。较为合理的处置是，若有把握开枪击伤相对人则警察可射击其次要部位。否则，尽量选择用盾牌、防暴棍（叉）组合制服行为人。综上，面对规则漏洞，警察应运用执法经验，找到可能适用于案件的法律原则，理性平衡各原则所占分量，最终使裁量兼具法律效果与社会效果。

2. 规则模糊时的裁量

当出现规则模糊时，此时尚有规则可适用，警察面临的困难其实是如何对模糊和歧义的部分进行解释，并主导现场处置。回到相对人抢夺、抢劫枪支弹药的情境中，支持此时警察能够开枪这一规则 R 的原则有必要性原则 $P_{正1}$ 和均衡性原则 $P_{正2}$。即此时开枪是为了制止违法犯罪行为，维护公共安全这一正当目的，满足必要性原则 $P_{正1}$。尽管开枪可能导致行为人重伤或死亡，但这一结果与维护公共安全相比，体现出均衡性原则 $P_{正2}$。同时，也有反对此时开枪的原则——保障人权原则 $P_{反}$。该原则要求禁止做出有罪推定，即认为相对人抢夺、抢劫枪支未必会使用并危及公共安全，也许仅仅就是“抢”而已。

对原则进行衡量，如果发现 $P_{反}$ 优于 $P_{正1}+P_{正2}$ 则应推翻 R。反之，则要继续适用 R。显而易见，当相对人抢夺、抢劫枪支弹药时，我们还秉承善意、用在场人员生命安全和公共安全冒险，认为其仅仅是抢夺而已，不会再做出什么过激的事，那未免太荒唐了。所以，$P_{反}$的分量无法超越$P_{正1}+P_{正2}$的分量，我们应适用R、认定相对人抢夺抢劫枪支弹药同时就已经危及公共安全，可以开枪。因此，规则R模糊时，警察应衡量支持R的原则$P_{正1}+P_{正2}$和反对R的原则$P_{反}$，最终做出裁量。

3. 规则悖反时的裁量

规则悖反意味着“有法可依”，但是如果一味机械适用，则会违背法的精神与价值，造成个案不公。仍就相对人徒手或以殴打胁迫实施抢劫行为后拒捕、逃跑的情形C展开分析，如果对其使用武器未免裁量过重。法律之所以规定可以对拒捕或逃跑的相对人开枪，背后的立法思想在于，若相对人拒捕或逃跑可能再次作案危及公共安全。徒手或殴打胁迫实施的抢劫行为危害性相对较小，若相对人拒捕或逃跑后也难以危害公共安全。若警察在此情形下开枪，侵犯的是相对人生命健康权，保护的是其后续作案可能侵犯的财产权和社会秩序。可见，侵犯的法益明显重于保护的利益，违背了均衡性原则。因此，我们有必要适用均衡性原则P为C创设一个警察可以开枪的例外情形——相对人徒手或以殴打相胁迫实施抢劫行为后拒捕、逃跑。易言之，规则悖反时适用规则会得出显失公正的结果，警察应寻找适合的法律原则为规则创设例外，对规则重新解释。

4. 规则冲突时的裁量

当一个个案有多个规则可以适用如R_1和R_2，而这些规则又存在冲突和矛盾时，警察不能贸然适用某个规则而排斥其他规则。处理这些规则之间的冲突，其实质就是在这些规则背后的原则P_1和P_2之间做出衡量。由于原则适用范围的广泛性和表述的非确定性，执法者对原则所占分量的安排有很大裁量空间。为有效规约执法者的自由裁量，适用原则的方法论必须提供一套严密法则，来保障各个原则的分量组合成为最佳化命令。简言之，原则的权衡必须符合比例原则。[①]若相互冲突的原则P_1和P_2都能在法律与事实的可能范围内最大限度被实现，则它们支持的规则R_1和R_2之间的冲突也将被调和。具体方法可参照出现规则漏洞时

① 梁迎修．法律原则的适用——基于方法论视角的分析．华中师范大学学报（人文社会科学版），2007（6）：22-28.

的裁量路径。

（三）疑难案件裁量的类型化和情境化

上述裁量过程更多是学理化的论证过程，可理解为规则缺失时警察强制手段裁量的“正当性证成”。在执法现场，警察做出强制手段裁量是一个快速决断的过程，无法在疑难案件中完成复杂如上文的剖析与推理过程。这就需要在学界阐明原理的基础上，教育训练部门积累相关案例，将同质案件合并归类并在训练中做情境化处理。让民警沉浸其中反复训练，达到快速准确地做出强制手段裁量。笔者建议，可就相对人持械步步逼近警察、手持凶器与警察对峙、徒手抢劫后逃跑等容易出现裁量偏差的典型情形给出指引性的裁量基准，并将上述内容编入《执法手册》供民警学习训练。

五、引入“维护警察执法权威”为法律原则

通过上文的法律原则梳理分析不难发现，当前各国都明确了警察依法使用强制手段、保障人权的法律原则，规约警察的武力行为已经成为人们的共识。盘绕笔者的问题是，为什么现有法律原则鲜有关于维护警察执法权威的表述，难道这不是法治的题中应有之义吗？我们忽视警察执法权威保障，这是否会破坏公权与私权之间的平衡，破坏我们以法律构建的社会秩序？来自实践的观察也提醒我们，保障警察执法权威是不容忽视的一条原则。统计数据显示，2017 年，仅山东省公安机关就查处各类袭警和暴力抗法案事件 1247 起，依法打击处理相关人员 1743 人；山东省检察机关共批准逮捕妨害公务案件 442 件 531 人，对妨害公务案件提起公诉 759 件 1016 人。[①] 此外，还有各种辱警、丑警行为屡见报端，维护警察执法权威刻不容缓。

上述现象和行为不仅对警察身心造成了严重伤害，还具有严重的社会危害

① 中国青年报．山东：对一切暴力抗法袭警行为“零容忍”．https：//https：//news.sina.cn/gn/2018-03-29/detail-ifystfit0358816.d.html.

性：一是严重损害国家法律的权威。警察的执法权力是国家政权和国家强制力的象征，具有权威性和不可侵犯性。侵害警察执法权威就是对国家法律尊严的公然蔑视和粗暴践踏。法律的实施需要警察执法行为来实现，必要时需要警察使用强制手段予以保障。警察执法权威的势微会影响国家法律的执行。二是这些行为最终会损害公民合法权益。警察承担制止和打击犯罪、保护公民人身和财产安全、维护社会秩序的职责。削弱警察履职的能力，最终损害的是公民合法权益。三是这些现象会带来严重的社会负面效应。纵容这些乱象会在社会上造成不尊重法律不尊重执法者的不良社会风气、形成破窗效应，引发犯罪效仿。因此，我们应将维护警察执法权威纳入法律原则的范围，像倡导保护公民人权一样去重视。

即便保障警察执法权威尚未作为明定的法律原则出现在现有规范体系之中，但这并不影响其地位与作用，我们还应在学术研究中明确其内容：首先，应以法律明文规定警察依法使用强制手段受法律保护，对于造成的人员伤亡和财产损失，警察个人不负法律责任。例如，我国公安部制定的《公安机关维护民警执法权威工作规定》第 3 条、《规程》第 4 条都有此方面表述，但还应进一步提高立法位阶进行明示，树立警察执法权威。其次，鼓励警察依法使用强制手段保护自身的执法安全。例如，日本国家公安委员会在《枪支警棒的使用和管理规范》中明示，当警察遭遇危及生命的暴力攻击时，得不经警告、直接开枪。再次，对于以侮辱、谩骂、诽谤、诬告、无理纠缠（如反复索要执法证）等非暴力方式实施的有损警察执法权威的行为也应依法追究相对人责任。最后，加强公民教育，引导民众养成“警察执法优先、公民质疑后置”“积极配合执法行为”的守法习惯，形成尊重警察执法权威的正气和风尚。

第五章

警察使用强制手段条件的比较法分析与改造

相对于使用强制手段的法律原则来说，满足何种条件才能使用强制手段，是一个更为具体的问题。该问题也是保障人权、正当程序和比例原则等法律原则在法律规范中的连接点。具体讲，不同的违法犯罪行为和执法对象应该对应何种层级的强制手段？警察对现场情况持怎样的判断才能使用强制手段？使用强制手段应经过何种程序？这些都是本章欲澄清和反思的问题。

一、警察使用强制手段客观条件的梳理与完善

因法律传统与治安状况不同，因而发展出了各具特色的警察使用强制手段客观条件。在对这些客观条件进行梳理后，笔者尝试对以美国为代表的西方国家和我国台湾地区使用武器客观条件的共识与分歧进行分析，尝试提出完善警察使用强制手段客观条件的方向。

（一）警察使用强制手段客观条件的规定模式

目前，警察使用强制手段的客观条件规定模式主要有美国等西方国家的武力使用层级体系、以我国台湾地区为代表的以事件强度为中心的灵活基准和我国大陆地区的概括记述式客观条件。

1. 武力使用层级体系

美国警察相信，武力使用的客观性条件一定要清晰明确，这样才能清楚地指引警察在需要使用武力的时候做出公正的裁量。因此，美国各地警局纷纷制定内部规范或执法手册缩限武力裁量空间和不确定性。而这些内部规范的核心就是武力使用层级（force continumm），它就像一个连续体一样勾描出相对人的抗拒手段与警察能够使用的正当武力层级间的对应关系。据统计，全美超过 72% 的警察机关将武力使用层级纳入了本机关制定的内部规范。基于此，警察机关的内部规范成为指示警察什么时候可以使用武力，使用何种层级武力的主要依据。如果这些内部政策没有提供如此清楚的指引，那么一线警察很可能会跟从警队内部

的潜规则做出武力裁量，进而影响裁量的公正性。

不同警察机关的武力层级和分层方法大同小异，以下笔者谨以全美比较有代表性的佛罗里达州警局武力使用层级为例说明之。该体系共分6个层级，随着相对人的反抗程度不断升高，与之相应的警察武力层级也随之升高。1级：当相对人以“出现”（mere presence）的形式抗拒，如逗留在不应滞留的地方，警察得“仅以出现”制止之；2级：当相对人实施语言抗拒（verbal resistance）时，如对警察污言秽语、挑衅侮辱，警察得以语言指令（verbal commands）或轻微身体接触（touch）制止；3级：当相对人实施消极抗拒（passive resistance）时，如不听指令、挣脱、躲避警察控制，警察得以化学喷射剂（chemical agent）、压点（pressure points）或关节控制（joints manipulation）制止；4级：当相对人积极抗拒（active resistance）警察的控制或拒捕时，警察得以打击器械（impact weapon）如警棍、电击枪或警犬制止；5级：当相对人暴力抗拒（assaultive resistance）时，警察得以失能性击打与控制（incapacitating strikes or holds）进行制止。6级：当相对人以致警察身体重伤或死亡的暴力攻击时，警察得使用致命武力，包括火器、使用武器击打头、颈等部位（strike with weapon to head/neck）。

美国警务专家Bittner早在1970年就提出，警察武力一定是现场情况的产物。为了充分认识使用武力时情境的复杂性，警察不能把武力使用理解为一个静态的概念，而应将其理解为从口头命令（最低层级）到致命武力（最高层级）的一个连续的动态的过程。武力层级体系也应尽可能区分相对人反抗的细微差别，以此指示警察“警民双方交互是一个动态的过程”。每种类型的相对人反抗都有合理的警察武力层级与之相对应。随着现场情况不断变化，相对人的行为或者反抗也不断变化，警察需要快速将现场情况代入武力层级体系，寻求与之对应的合理武力层级。武力层级理念提倡警察应该积极地检视现场情况并随之做出反应，一旦反抗降级则武力也应该降级或停止。鉴于武力使用层级体系的裁量确定性、动态性和实用性，很多国家和地区在积极借鉴其经验的基础上发展出更为细致的层级构造。例如，我国香港警察对武力的层级和种类进行了更精细的分解，发展出了遇抗控制系统。

2. 以事件强度为中心的灵活基准

并非每个国家或地区的法律规范体系都以系统精确的武力层级体系为目标。例如，我国台湾地区在坚持使用“警械”这一整体概念的基础上，形成了以事件或警情强度为中心的使用警械的客观条件。由于台湾地区在称谓上并未将警棍、警刀、警枪等装备器材做明确细分，而是将其统称为警械，并由“警械使用条例”进行规范，立法者也并未对使用各种警械的客观条件作出精确的层级划分。

台湾“警械使用条例”第 2 条规定了使用警棍指挥的 3 种情形，第 3 条规定了使用警棍制止的 3 种情形，第 4 条规定了使用警刀或枪械的 7 种情形。从使用警棍指挥到使用警棍制止、再到使用警刀或枪械的升级来看，仿佛该规定也属于层级结构的阐述。然而，仔细检定第 4、5 条的具体情形则可发现，不同层级的适用情形间又存在交叉。从第 4 条第 1 项第 1 至 5 款规定的情形来看，从文义上来理解，仿佛更适合作为使用警棍制止的情形。例如，第 1 项规定，“为避免非常变故，维持社会治安时”，可使用警刀或枪械。同时，该条例第 3 条又规定，“发生第四条第一项各款情形之一，认为以使用警棍制止为适当时”，可使用警棍制止。同样是这些情形，可以用警棍制止，也可以视严重程度使用警刀或枪械制止。立法者并未对不同层级强制手段的适用情形做出泾渭分明的划分。而是让执法者依据现场情况去判断。同样，第 4 条第 1 项第 7 款又规定，“有前条第一款、第二款之情形，非使用警刀、枪械不足以制止时”，可使用警刀、警枪制止。

检视台湾“警械使用条例”可发现，我们无法找出适用情形或不法行为的类型与特定强制手段一一对应的层级结构。如此含混不清是否会导致警察滥用强制手段、恣意裁量呢？立法者的设计是，依靠法律原则、具体讲就是比例原则进行规制。该条例第 6 条规定，“警察人员应基于急迫需要，合理使用枪械，不得逾越必要程度”。从中我们可以看到适度性原则的表述。第 7 条规定，“警察人员应基于急迫需要，合理使用枪械，不得逾越必要程度”。其中也渗透着必要性原则的精神。第 9 条规定，“警察人员使用警械时，如非情况急迫，应注意勿伤及其人致命之部位”。可将其看作对均衡性原则的宣示。虽然层级对应含糊，但辅之以比例原则把关。有学者认为，这种以违法犯罪强度为标准，在不同种类的警械间根据警情需要，大跨度选择的立法技巧同样值得借鉴。[①]

3. 概括记述式客观条件

总体上来看，我国积极借鉴了美国等西方发达国家的武力使用层级体系，同时将之与我国成文法的立法传统进行了较好融合，形成了概括记述式的客观条件。《规程》第 14 条将处置措施由轻到重依次列举为口头制止、徒手制止、使用警械制止、使用武器制止。依据《规程》中的具体规定，口头制止对应的适用条件为“正在以非暴力方式实施违法犯罪行为的”；使用徒手制止对应的适用条件为“正在以轻微暴力方式实施违法犯罪行为，尚未严重危及公民或者公安民警人身安全，经警告无效的”；使用警械制止对应的适用条件为“《条例》第七条所列危害公共安全、社会秩序、公民人身安全等情形之一，经警告无效的”；使用武器制止的适用条件为，“公安民警遇有《条例》第九条规定的暴力犯罪行为的紧急情形之一，经警告无效的”。从适用条件逐渐升级和对应强制手段同步升级的构造中，我们依稀可以窥见武力使用层级体系的布局。

我国警察使用强制手段的适用条件还有如下特点：其一是我国适用条件不仅限于对相对人的抗拒程度和种类的描述。就这一点来讲，我国的规定更切合实战。使用强制手段的目的不仅限于制止相对人的抗法和袭警行为，而在于制止各类违法犯罪行为。因此，《规程》中“正在以……方式实施违法犯罪行为”的适用条件表述更加准确。其二是我国的适用条件是对各种情形的精练总结，而各种适用情形则是对适用条件的具体展开。例如，《条例》中规定了使用武器的客观条件为“暴力犯罪行为的紧急情形”。这样有总有分的立法体例既可以为一线警察提供概括指引，又不缺乏具体类型的列举。其三是我国适用条件中的部分规定对强制手段进行了更细致的强度划分。例如，《规程》第 25 条规定，“违法犯罪行为人的攻击尚未危及他人或者公安民警生命安全的，公安民警使用警棍时尽量避免攻击违法犯罪行为人的头部、裆部等致命部位”。换句话说，如果行为人

---

① 翟金鹏、史全增．大陆与台湾地区警察武力使用法律规范比较研究——以警械和武器使用的立法规制为重点．中国人民公安大学学报（社会科学版），2014，30（5）：122-131.

的暴力攻击危及现场人员生命安全，则公安民警可以使用警棍击打行为人致命部位。之所以这样规定是因为，立法者注意到使用警棍击打部位的不同会产生不同层级的强制效果。

（二）警察使用武器客观条件的共识与分异

警察使用武器关乎相对人生命权甚至公共安全，因此各国在这一终极武力的适用条件上形成了“威胁生命原则”的共识。同时，也在相对人拒捕、逃跑这一问题上存在歧见。

在美国的田纳西州诉加纳案（Tennessee v. Garner）中，加纳的父亲在联邦地区法院诉称，加纳的宪法权利受到了侵犯。地方法院认为田纳西州的法令和警官的行为是符合宪法的。因为当时田纳西州法令规定，如果在警察发出意图逮捕犯罪嫌疑人的指令后，犯罪嫌疑人逃跑或强行反抗，警察可以使用一切必要手段实施逮捕。这其中自然包括了使用致命武力。然而，第六巡回上诉法院推翻了这一判决。上诉法院认为，对嫌疑犯权利的侵犯程度必须与政府利益相平衡。尽管有可能抓住一名嫌疑犯，但警察不能非要通过杀死他来达到这一目的。不顾嫌犯的危害性，武断使用致命武力阻止所有重罪嫌疑犯逃跑，在宪法上是不合理的。虽然加纳实施盗窃犯罪，虽然盗窃是一项严重罪行，但警察不可能合理地相信该名年轻、瘦弱和手无寸铁的嫌疑人构成任何紧迫威胁。

经由这一案，美国刑事司法界放弃了“重罪逃脱法则”，因为该法则让警察无须考虑相对人是否威胁他人人身安全，只要有逃跑或拒捕行为即可对其开枪。另外，美国刑事司法界确立了“威胁生命原则”，即警察在遇有相对人威胁警察本人或在场第三人生命安全或身体健康时才可以开枪。时至今日，这一原则已经是各国使用武器条件的共识。英国的“生命威胁原则”和日本的“生命防卫原则”也都与这一原则体现出相同的立法精神。我国的使用武器条件“暴力犯罪行为的紧急情形”也能体现上述原则。上述条件都是针对案件现场危害性作出的探讨，然而众所周知，很多严重暴力犯罪的嫌疑人如果逃跑或拒捕得逞，他们极可能在后续的时间里继续作案、加害他人，或曰危及公共安全。正因如此，警察有必要使用武器制止这类相对人的拒捕或逃跑行为。接下来的问题是，实践中的这种担忧和需求是否被纳入了立法呢?

答案是肯定的。例如，新泽西州警察强制力咨询委员会2000年修订的《总检察长的强制力使用政策》中规定，警察为制止嫌疑人逃跑，有合理理由相信嫌疑人已实施或试图实施导致死亡或重伤的罪行，且如果嫌犯脱逃成功，将导致死亡或重伤的威胁，使用致命强制力不会对无辜者产生更严重的后果时，可使用致命强制力。我国《条例》中第9条第（13）项实施严重暴力犯罪行为后拒捕、逃跑的和第（14）项携带枪支、爆炸、剧毒等危险物品拒捕逃跑的情形也是对此类条件的阐述。需要强调的是，实施了盗窃、诈骗等非暴力犯罪行为的嫌疑人拒捕、逃跑则不在可以使用武器制止之列。因为，此类相对人不具有后续威胁他人人身乃至生命安全的潜在危害性。

遗憾的是，对文献研究可发现，至今依然有一些国家、地区的法律规范表述延续了“重罪逃脱法则”。从这些法律规范的文义上来看，仿佛只要警察已经发出明确指令或警告，相对人依然坚持拒捕或逃跑，则警察即可不加区分地使用武器予以制止。例如，我国台湾“警械使用条例”第4条第3款规定，“依法应逮捕、拘禁之人拒捕、脱逃，或他人助其拒捕、脱逃时”，警察可以用枪械制止。再如，德国法律中有关警察使用枪支的客观条件可概括为：（1）遭遇拒捕；（2）警察受到生命威胁时……[①] 类似的法律条文明显已经违背了比例原则和法治精神，没有在嫌疑人权利与公共利益间取得平衡。

（三）警察使用强制手段客观条件的改造与完善前瞻

德国历史法学派代表人物萨维尼认为，法律是社会存在整体中的一部分，它存在于民族的共同意识之中。[②] 不同的国家与地区有着不同的民族精神与社会生活基础，因而滋生出不同的法律制度。我们无法设计出一套完美的使用强制手段的客观条件，来框定各国的立法改革。但我们至少可以说明，理想的法律条件应该具备什么样的属性和特征，各国可在保持本国立法体系统一的基础上有针对

---

① 李富成．警察开枪之实践检讨．公安研究，2010（4）：44-50.

② 陈兵、蔡迪．论德国历史法学派．兰州学刊，2010（3）：135-138.

性地进行本土化改造。

第一，警察使用强制手段客观条件的语言表述应兼具概括性与诠释性。从立法体例上看，适用条件应是其下各种适用情形的提纲挈领。前文已经论述，真正能在执法实践中发挥效用的并不是各种适用情形的系统记载，警察难以将各种规范的适用情形瞬间适用于动态的现场情况。较为实际的执法策略是在熟悉适用情形的基础上，以适用条件为指引，快速做出强制手段裁量。同时，适用条件又负有解释比例原则的任务。因此，使用强制手段客观条件的语言表述应在比例原则的统领下展开，同时又是对各种具体适用情形的概括总结。例如，对于使用警棍等警械的客观条件表述为“遇有危害公共安全、社会秩序、公民人身安全的情形，经警告无效可使用驱逐、制服性警械制止”，就做到了详略得当、切中要义。若表述为“警察人员执行职务时，遇有下列各款情形之一者，得使用警棍制止”则让人感到语焉不详、言之无物。

第二，突破武力使用层级体系的线性结构，寻求指引确定性和裁量灵活性的双赢。尽管美国警察局的武力使用层级结构对使用武力的客观条件作出了精细的拆解，然而新进的研究发现这一结构也并非无懈可击。看似相对人的每种反抗都能找到与之对应的武力层级，然而它会给人留下逐级升高或降低武力的刻板印象。很多美国警察误认为，不可以把武力直接从第2级升至第5级，而一定要按照2、3、4、5的顺序升级武力。另外，这种层级间严丝合缝的一一对应关系会给一线警察带来压力和困扰。很多警察抱怨，当自己遭受对方暴力反抗和攻击时，还要思考到底用哪一级武力才是最合适的，生怕选择错误而遭到投诉。其实，每种武力都有其跨越层级的适用范围，也许不存在最佳层级的武力。[①] 例如，很多州把电击枪视为层级较低的武力，同时也有一些州将其列为高层级武力。辣椒喷射剂其实可以用于制止嫌疑人的消极反抗、积极抗拒、暴力抗拒直至恶意袭击。目前，很多美国警局都在发展非线性的武力使用体系，承认针对某一情形存在使用武力的一个合理范围。只要不脱离这个范围，警察就应有合法的裁量权。

---

① William, Terrill, Eugene, et al. Less Lethal Force Policy and Police Officer Perceptions: A Multisite Examination【J】. Criminal Justice and Behavior, 2013.

第三，使用武器客观条件的表述应尽量全面而明确。现有各种使用武器的客观条件都未能将相关适用情形充分涵盖，表述也不够明确。以我国《条例》为例，《条例》释义将其表述为“行为人正在实施暴力犯罪行为”且达到“紧急情形”。从文义理解，“行为人正在实施暴力犯罪行为”意味着当公安民警到达现场时，暴力犯罪行为当场正在进行。而仔细审视《条例》第 9 条第（13）、（14）项规定可知，行为人实施严重暴力犯罪行为后拒捕、逃跑，行为人携带枪支、爆炸、剧毒等危险物品拒捕、逃跑，同样构成使用武器的条件。换言之，行为人正在实施暴力犯罪行为这一表述并不周严。笔者建议，或调整关于使用武器条件的表述，使之同时吸收上述三种不同情况，或在释义中详细解释，使执法者明确其真实含义。释义还将“紧急情形”解释为：“暴力犯罪行为正在造成危害结果，或者不加制止必然会立即造成危害结果的情形。”其中“必然”的措辞未免过于绝对。笔者建议，表述出如果相对人脱逃或拒捕成功，可能导致死亡或重伤、危及公共安全的含义即可。

二、警察使用强制手段的主观判断标准辨析

上述客观条件为“警察遭遇何种情况、面对何种对象才能使用强制手段”勾勒出了事实轮廓，而警察对现场情况的判断却并非再现事实那般简单。这就引出了一个问题，警察对事实的判断应准确或近似到什么程度，或曰满足什么样的主观条件，才能使用强制手段。

（一）解读客观合理标准

在格雷厄姆诉康纳一案（Graham v. Connor）中，格雷厄姆向地方法院诉称，当事警察康纳在盘查过程中使用了过度的武力，侵犯了美国宪法第十四修正案赋予他的权利。地方法院认为，根据先前约翰逊诉格里克（Johnson v. Glick，481 F.2d 1028，cert. denied，414 U.S. 1033）一案中阐明的四因素之中的“实质性正当程序”标准，警察并没有使用过度的武力。这四个因素包括：使用武力的需要、这种需要和所使用的武力之间的关系、所受伤害的程度、警察是出于善意维

持社会秩序，还是出于恶意施虐而造成了该伤害。康纳的律师也表示，康纳只是出于善意使用武力，在暂扣格雷厄姆时并没有恶意。看到格雷厄姆匆匆走进商店后又匆忙离开，康纳怀疑其卷入抢劫案而上前盘查，这是合乎情理的。遭遇反抗后，康纳使用武力也是合法的，他只是按照训练手册的指引工作而已。第四巡回上诉法院维持了地方法院的裁决。该案最终被提交到最高法院。

最高法院认为，过度使用武力的审查应该根据具体的宪法条款进行分析，即宪法第四修正案，而不是用实质性正当程序去分析。要确定一名警察是否使用了过度的武力，法院必须检视一名“具有客观理性的”（objectively reasonable）警察在同样情况下会如何行动，而不是去考虑一个警察在何种目的和动机下使用武力。在多数意见中，伦奎斯特（Rehnquis）法官写道：“警察的恶意不会让具有客观合理性的武力违反宪法第四修正案，警察的善意也不会让不具有客观合理性的武力变得合宪”。与实质性的正当程序分析不同，第四修正案要求一名警察必须能够清楚地说出导致自己使用武力的事实和情况（articulate the facts and circumstances），来论证自己的行为是“客观合理的”，而不是依靠直觉或善意做出决定。这就是客观合理的判明标准。换句话说，当评估一个警察是否过度使用武力时，法院必须考虑行动的事实和情况，而不是警察的主观态度。最高法院还补充到，在衡量客观合理标准时必须充分考虑，在紧张、不确定和迅速演变的现场，警察经常被迫对特定情形下必要的武力作出瞬间判断这一事实。英国和日本警察现在也采用客观合理标准。

（二）解读客观确认标准

客观确认标准也被称为“严谨客观标准”或“传统的客观标准”。我国目前就适用这种判明标准。《条例》释义对判明情况解释为：“人民警察对现场发生的暴力犯罪行为及犯罪行为人当场作出准确的判断，是指人民警察从主观上对暴力犯罪行为和实施犯罪行为人进行的一种确认。”[①] 对暴力犯罪行为的确认是指，客观上讲现场确实发生暴力犯罪行为，而不是警察凭主观臆想或执法经验推

① 王学林.人民警察使用警械和武器条例释义.警官教育出版社，1996.

断。警察是在现场运用感官和理性判断对该暴力犯罪行为的发生形成了准确的认识。对犯罪行为人的确认是指，警察能够准确判断出是谁实施了上述暴力犯罪行为。尤其是在光线暗弱条件下或现场有多个嫌疑人时，对犯罪行为人的判断更要谨慎。与此同时，判明情况要求警察根据现场情况独立作出判断并决定行动，而不是盲目相信警情指令或报警人、证人提供的信息。

应当承认，客观确认标准其实是一条非常严格、甚至近乎严苛的标准。该标准不仅要求判断的结果正确无误，同时还要求判断过程严谨合理。例如，甲殴打乙并导致其死亡，在逃跑中遇到出警赶往现场的警察。然而，警察对现场情况并不知情，只是因打架斗殴而出警。假设警察在追击中向甲开枪，按照客观确认标准分析，显然使用武器为违法开枪。诚然，客观上甲实施了严重暴力犯罪行为后逃跑，已经满足使用武器的客观条件。然而，警察并未到过现场，根本谈不上在现场进行主观确认。其使用武器系出于臆想和冲动，是一种情绪化的开枪。如果支持上述开枪为合法开枪，将会鼓动警察面对不听指令、继续逃跑的相对人贸然开枪。客观确认标准恰恰矫正了这一危险的倾向，可谓有其科学合理之处。同时，我们也无法回避，客观确认标准有其缺陷之处。

（三）推动客观确认标准向客观合理标准转向

国内研究者已经关注到客观确认标准的缺陷，并从认识论和司法审判的角度进行了相关反思。例如，有学者认为，事件有可能尚未完结，警察仅仅是基于以往经验和已经发生的事件情节对事件性质的经验性预判，谈何判明？[①]也有学者认为，警察在执法中“判断的事实”和客观发生的事实是有差异的，因为人的认知本身就有局限，这种风险所导致的结果不应让警察担责。[②]还有学者认为，“司法机关往往只能从现场客观情况及用枪的客观结果出发反观用枪的合法性，

---

① 武西锋．论我国警察枪支使用法律制度的完善．中国人民公安大学学报（社会科学版），2015，31（3）：150-156.

② 刘真．风险社会语境下警察使用枪支之程序之完善．吉林大学，2016.

这其实是借后事推前理，会导致不公正的判决”[①]。出于上述原因和客观合理判明标准的合理性，研究者们呼吁应由客观确认标准转向客观合理标准，重构警察使用武器的判明标准。笔者也同意上述论点，但是学界应注意的是，在上述学理性论据之外，来自实证领域的证据更加有说服力。

20 世纪 80 年代以来，美国警察武力使用实证研究产出了一系列该领域的成果。Nielsen 在 1981 年的研究成果表明，在 63 个接受调查的市、县和州级执法机关工作的警察之中，有 3/4 表示他们在开枪过程中经历视觉受限、听觉障碍和动作感知过缓（time passing in slow motion）三种感知机能障碍。Campbell 1992 年的研究显示，在 167 名有过开枪经历的 FBI 探员中，有 44% 声称经历了隧道效应（tunnel effect），42% 出现听觉迟钝，34% 出现了对时间感知缓慢 。Artwohl 和 Christensen 1997 年的研究发现，在 72 名有过开枪经历的警察之中，有 82% 的人出现隧道效应，65% 感到局部视觉过于清晰（height ened visual detail），88% 经历了听觉减弱，17% 出现声音增强（intensified sound），63% 感到对时间感知缓慢，17% 感到对时间感知过快（fast-motion time）。

Klinger 和 Brunson 在 2009 年的研究又一次证实了警察在开枪过程中确实存在感知机能失调。研究者呼吁，面对多达 6 种已经被证实存在的感知失调，警察无法对现场情况作出完全客观准确的判断。研究者假定如下情形说明问题，一个警察大声呼喊他的同伴千万别开枪，因为他看清了在黑暗小巷中的嫌疑人拿着玩具枪对准他们。然而，很可能他的同伴此刻出现了听觉障碍，没有听到他的呼喊并开了枪。开枪警察甚至可能在玩具枪落地之后继续射击，因为隧道效应可能使他视觉受限，始终瞄准嫌疑人躯干部位射击。对目击整个过程的市民来说，警察显然没有准确判断现场情况，但市民无法了解警察刚刚经历的感觉失调。我们必须承认，经警察判断的事实和客观发生的事实往往存在差距，此时警察无法做出客观确认。但如果这种差距是一个具有客观理性的警察也会犯下的错误，那么社会就有容忍这种偏差的义务。因为法律不应强人所难。将警察开枪的判明标准由客观确认标准转向客观合理标准是更加尊重科学和人性的选择。

---

① 刘扬．对公安民警使用武器条件的反思．人民论坛，2013（5）：112-113.

三、警察使用强制手段的程序条件探讨

从表明警察身份到实施警告再到命令无关人员躲避，现代法治国家对警察使用强制手段的程序性规定愈加细致具体。虽然各国的程序规定不尽相同，然而我们不难发现其中的最大公约数——实施警告。因此，笔者谨从警察使用武器前的警告制度切入，尝试就使用强制手段的程序性条件进行一些探讨。

（一）作为程序要件的警告及其例外

使用强制手段前应进行警告已成为人们遵守的国际惯例，现代法治国家也都有此规定。联合国《执法人员使用武力和火器的基本原则》第 10 条规定，“执法人员应表明其执法人员的身份并发出要使用火器的明确警告，并且留有足够时间让对方注意到该警告，除非这样做会使执法人员面临危险，或在当时情况下显然是不合适的或毫无意义的”[①]。其实除了警察开枪前应进行警告之外，很多国家也规定了使用警械和徒手强制前应实施警告。例如，我国《条例》第 7 条和《规程》第 19 条之中的规定。之所以有这种规定，其一是给相对人一次主动中止实施违法犯罪行为的机会，尽量不动用强制手段解决问题，这体现了警察使用强制手段的谦抑性；其二是尊重和保障人权，尽量降低对相对人的人身伤害；其三是通过警告产生的心理压迫和震慑力量，迫使相对人放弃犯罪。

观察各国关于警告的立法可发现，几乎规定警告的，也都规定了例外。同时，对于例外的要求也比较严苛。例如，联合国迎战原则规定，只有当行为人发动的攻击和侵害非常突然，以至于稍有迟疑将导致包括自身在内的人员重伤和死亡时，才能直接开火。再如，《执法人员使用武力和火器的基本原则》第 10 条中“在当时情况下显然是不合适的或毫无意义”的才能直接开枪。我国也有类似的立法表述，如《条例》第 9 条中“来不及警告或者警告后可能导致更为严重危害后果的，可直接使用武器”。有研究者建议，既然先行警告为原则、直接使用

① 联合国公约与宣言检索系统．执法人员使用武力和火器的基本原则．https：//www.un.org/zh/documents/treaty/files/OHCHR-1990.shtml.

强制手段为例外，应进一步细化警告的例外情形，而不是宽泛地表达为“更严重的危害后果”“不合适”等。譬如，可以规定对正在进行的适用特殊防卫的几类严重暴力犯罪不经警告直接开枪制止。

笔者建议，应坚持目前先行警告为原则，直接使用强制手段为例外的立法方式，但不应继续细化警告的例外情形。从执法实践来看，警察承担着判明情况的义务（无论是采用客观合理标准抑或是客观确认标准），需要快速判断现场情况是否满足使用强制手段的条件或情形。如果进一步细化警告的例外情形，无疑又加重了警察现场思考与判断的负担。不如做出原则性的规定，在执法手册中辅以例外情形的举例，给警察合理的裁量权。另外，在实战训练中，强化预判、戒备和警告等战术动作一体化完成，避免警察在临战中仓促使用强制手段后才发现尚未实施警告。

（二）关于口头警告内容的探讨

警告要求警察对相对人发出明确的具有警示效用的意思表示，那么口头警告的语言表述就应该达到上述效果。这要求警察以口头发出的警告指令应明确、简洁且坚定有力。例如，我国《条例》释义要求警告的语言表述应包含如下两层意思：一是命令相对人停止正在实施的违法犯罪行为；二是如果不停止其行为将会受到强制手段的打击或控制。实践中，警察往往只表述前者、忽略后者。如“把刀扔掉”“站住”，都是不完整的警告。因其并未清楚地告知相对人可能面临的后果。同时，也正因为有这种后果的明示，相对人才可能中止其不法行为。遗憾的是，《条例》释义并非法律规范性文件，因此很多民警并不了解口头警告的内容要求。笔者建议，至少应在公安部出台的内部规范性文件中对口头警告举例说明。

有的法律文本将表明身份的口头表述也列在口头警告之中。例如，联合国迎战原则规定口头警告可采用如下方式，“联合国警察！不许动，否则开枪！”笔者认为，不宜将口头警告的语言表述规定的太长。考虑到警察使用强制手段的现场情况紧急，应尽量压缩语言表述，为制止不法行为争取时间、以免延误战机。从语义上理解，表明身份是在陈述事实，而不是发出命令或告知后果，不具有警示性。无论警察是否可能使用强制手段，到达现场后都应表明身份。一是强化自身执法行为的公信力与正当性，二是便于接受公众监督。而在使用强制手段之前，就无须再次表明身份。

有研究者认为口头警告不应包含刺激性的用语，如不应该说“不投降，就开枪”之类的警告语。取而代之，应该采用“你已经被包围了，请放下武器，争取宽大处理”等规劝性用语。应该澄清的是，口头警告应区别于警务谈判，前者有规范的语言要求，而后者的语言组织则没有固定模式可循。前者适用于各种警情和执法任务，而后者更多是针对劫持人质等警务危机事件。诚然，在劫持人质事件中不应发出“释放人质、否则开枪”的警告语，避免刺激劫持者做出过激行为。而警察使用强制手段前的口头警告也决然不该使用规劝、商量的语气和措辞，其结果无异于折损警察的执法权威。一言以蔽之，口头警告传递的信息是一种命令和告诫，传递的形式也应是严厉且坚定的。

联合国迎战原则还规定口头警告尽可能多次重复（至少三次），以确保口头警告被理解并发挥作用。不知是否受此国际规定影响，一些国家的警察在国内执法中也反复实施口头警告。笔者认为，口头警告的意思表达能够为对方理解即告完成，无须一而再、再而三地反复警告。维和警察的执法环境决定了对抗中的双方可能存在语言障碍，因此有必要多次重复警告。此规定也不是国际惯例，一国内的警察执法实在无须遵守该规定。只要警告为相对人所理解且警告无效，警察就可以使用强制手段。这样果断的执法态度有利于树立警察执法权威，纠正和净化执法环境。

（三）关于鸣枪警告的探讨

由于鸣枪警告有一定危险性，很多国家对其禁用条件做出了规定。例如，我国《规程》第 32 条、《规范》第 16 条详细规定了禁止鸣枪警告的场所、对象和情形。除了有安全上的风险之外，西方研究者还指出了鸣枪警告的其他缺陷。一是警察可能以鸣枪警告为借口来掩饰自己的开枪行为，谎称自己鸣枪警告时精度出现了偏差；二是鸣枪警告会让相对人觉得警察最初的开枪一定不会向自己射击，这就失去了鸣枪警告的意义；三是鸣枪警告让相对人有更多的时间逃跑；四是鸣枪警告的表意有时是含混不清的，无法与吸引注意的射击明显区分。

由于上述问题存在，一些法律规定应优先使用口头警告，鸣枪警告为例外，甚至禁止使用鸣枪警告。例如，美国联邦调查局就禁止鸣枪警告，认为口头警告能够起到教化、劝服的作用，而鸣枪警告则会激化矛盾。苏格兰也禁止鸣枪警告。英国则以口头警告为原则，除非发生恐怖活动等紧急情况，否则警察都要先行口头警告。此外，加拿大也规定优先使用口头警告。

在认识到鸣枪警告风险的同时，我们也应看到其优势。试想警察处置聚众械斗的危急警情，能够在最短时间内制止暴行，降低人员伤亡的有效手段恐怕就是鸣枪警告。面对多人的暴力围攻，当警力人数明显落于下风，即便使用警械也无胜算之时，鸣枪警告也许是保障警察自身安全的最有效的尝试。反观口头警告也有其局限。由于不同民族、地区的语言差异，也可能出现理解上的障碍。同时，口头警告的临场震慑力较鸣枪警告相去甚远。因此，立法者应给予口头警告和鸣枪警告同等的重视。我国的处理就非常可取，并未在条文中赋予某种警告方式优先地位，而是让当事警察依据警情和现场环境自主选择。同时对鸣枪警告作出必要的禁止性规定，杜绝可能产生的风险。

第六章

警察使用强制手段情形的解释与完善

本章将研究视角回收至我国现行法律规范。目前，我国采取详尽列举使用强制手段情形的立法模式。这一体例在学理和实践中都面临着质疑与非议，尤其是有研究者认为将开枪情形具体化、尽可能全面罗列情形是不可取的。另外，不同的资料和立场又对一些情形给出了不同的解释，这造成了民警对法律条文理解上的困惑，同时也束缚了他们的实践操作。本章将尝试描摹我国使用强制手段情形的立法构架，并论证其必要性。在此基础上，综合运用文义解释、体系解释、历史解释等方法对使用强制手段情形进行法理解释，以此指导民警执法实践。此外，针对现行规范中缺失的适用情形，提出完善建议。

一、使用强制手段情形的实然构架及其合理性证成

我国法律对使用强制手段的情形有着十分详尽的规定。在对使用强制手段客观条件概括记述的统摄下，立法者进行了全面细致的正面例举。《条例》第 7 条列举了八种可以使用驱逐性、制服性警械的情形，第 8 条列举了三种可以使用约束性警械的情形，第 9 条列举了十五种可以使用武器的情形。《规程》第 19、28 条又补充了使用徒手强制和使用非规定器械强制的情形。除了正面列举外，相关规范还从反面列举了使用强制手段的禁则。《条例》第 10 条、《规程》第 33 条、《规范》第 16 条都规定了不得使用武器的情形。《条例》第 11 条规定了停止使用武器的情形。此外，为克服列举技术无法穷尽现实情形的局限，《条例》第 7 条第（7）项还规定了使用驱逐性、制服性警械的兜底条款。如此一来，我国使用强制手段的法定情形在概括记述式的客观条件下，形成了正面列举—反面列举—兜底条款的整体构架。

有研究者认为，在立法技术层面，实在不宜将使用强制手段的各种情形规定的过细、过死。因为，“现实中警察可能遇到的情形千姿百态，开枪瞬间的事态

发展也是瞬息万变，单薄的法律条文无论规定的多么详尽，也不能穷尽所有”①。无论是正面列举还是反面的排除列举，都不可能穷尽现实情况，难免挂一漏万。同时，“列举情形的立法技术对于警察个体在具体实战环境中缺乏操作性和指导性”②。警察在做出使用强制手段裁量时，并不是按照法律条文的内在逻辑去判断的。列举式规定中的兜底条款或弹性规定很容易导致警察裁量权的扩张，或者由于表述过于模糊而让民警更加不知所措。总之，依靠面面俱到的列举情形规制强制手段的使用并不理想，也抑制了警察在个案处理中做出清晰判断的能力。

笔者理解并在一定程度上认同上述质疑，但我们不能因为这些质疑就放弃列举情形的立法体例和构架，原因如下：首先，以详细的条文列举各种适用情形，从而保证规则的统一、逻辑的一致、价值的延续和内容的全面是我国的立法传统。其次，具体的适用情形并非多余，在执法中自有其实用价值。虽然民警并不总是依靠一条条具体的情形规定做出决策，但正是这些情形让使用强制手段的原则由抽象变得具体，让民警对各种适用条件产生了情境化的解读。在缺少使用强制手段指导性案例的现下，很难想象如果我们放弃细密的情形规定，民警会如何执法。最后，情形规定有利于在司法中解决争议、做出裁判。检索“无讼案例法规网”和“中国裁判文书网”可发现，在有关民警违法使用强制手段的行政诉讼中，法官做出裁判时都会援引《条例》或《规程》中的情形规定。试想如果没有这些情形描述，法官又如何做到“类似问题类似解决呢”？综上笔者建议，继承我国正面与反面列举相结合，并辅以兜底条款的适用情形构架，但应对这些情形做出合乎法理的解释并查漏补缺。

① 仲崇玲、赵国勇．警察使用枪支的法律规制．河北公安警察职业学院学报，2010，10（3）：61-63.

② 高琴心．警察武器使用的制度性建构与进路设计．中国人民公安大学学报（自然科学版），2016，22（4）：44-48.

二、对使用强制手段情形的法理解释

执法的前提是理解法律，每个民警都会对使用强制手段情形的文本表述做出自己的理解。法官、检察官、律师、研究人员以及对民警使用强制手段享有监督权的公民都不可避免地从自己的立场出发解释法律。这些解释掺糅着洞见与偏见，往往遮蔽住法定情形背后的价值归属。在特定机关作出的有约束力的解释尚且有限的当下，笔者尝试对这些情形系统爬梳，并作出法理和学理上的解释。

（一）使用徒手强制的情形

在我国，徒手强制是最低程度的强制手段，规定其适用情形的法律依据繁杂散乱且位阶不一。将这些条文进行归纳梳理对指导民警执法具有重要现实意义。

1. 制止以轻微暴力方式实施的违法犯罪行为

《规程》第 19 条将使用徒手强制的条件规定为，“对正在以轻微暴力方式实施违法犯罪行为”，尚未危及在场人员人身安全的。而“轻微暴力”这一行为方式在实践中应作何理解，很多民警依然心存疑惑。轻微暴力这一用语是对相对人的暴力行为危害性作出限定。一方面，轻微暴力有别于非暴力（使用口头制止的适用条件），即观察相对人的外部行为可发现暴力的特征和表现。另一方面，这种暴力行为尚未危及在场人员的人身安全。《规程》以列举的方式说明了使用徒手强制的情形，“如采取挣脱、拉扯衣服、推搡等方式，但尚未主动采取暴力手段攻击公安民警或其他在场人员”[①]。

执法中，民警容易出现的错误处置是，当相对人侮辱谩骂民警时，民警使用了徒手制止。辱骂民警虽是违法行为，但毕竟没有暴力情形出现，直接使用徒手制止确实无法可依。民警还应注意，若相对人表现出明显暴力攻击行为，如扇耳光、拳击或脚踹就不属于轻微暴力了。此时，民警应果断使用警械制止。《规程》释义的解释毕竟是有限列举，无法囊括基层执法的所有情形。将轻微暴力的

---

① 公安部法制局．公安机关人民警察现场制止违法犯罪行为操作规程．中国人民公安大学出版社，2010.

文义解释对照基层执法实践，可发现下列行为也可纳入轻微暴力之列。相对人撕扯民警肩章或警号，突然夺过民警正在检查或准备暂扣的证照，正在破坏打砸他人的合法财产。这些行为并未危及在场人员人身安全，有的甚至并未明确指向在场人员，但毕竟都有暴力的外在表现。经警告无效，民警即可使用徒手制止上述行为。

2. 实施强行带离、强制传唤、逮捕、拘留、拘传等强制措施

《规程》将使用徒手强制的情形限定为，相对人以轻微暴力实施不法行为。基层民警的疑惑在于，是不是只要行为人不使用暴力，民警就不能使用徒手强制了。例如，相对人阻挡在高铁车门处，至高铁列车无法按时发车，民警在口头警告无效后，能否使用徒手强制。其实，除《规程》外还有其他法律间接规定了使用徒手强制的依据。出现《人民警察法 》第 8 条、《集会游行示威法》第 27 条、《戒严法》第 31 条中危害社会治安秩序或者威胁公共安全的情形、出现《大型群众性活动安全管理条例》第 23 条中扰乱大型群众性活动的情形、出现《治安管理处罚法》第 24 条中扰乱比赛秩序的情形，民警可对相对人实施强行带离现场。在强行带离中，民警需以徒手强制来完成该项强制措施。此外，《刑事诉讼法》规定的逮捕、拘留、拘传，《治安管理处罚法》规定的强制传唤等刑事和行政强制措施的实施也依赖于民警使用强制力完成。在这些强制措施中，民警同样可使用徒手强制。

（二）使用驱逐性、制服性警械的情形

1. 进行流氓活动的情形

《条例》第 7 条第（1）项规定针对的是结伙斗殴、殴打他人、寻衅滋事、侮辱妇女等流氓活动的几种情形。这些情形既扰乱了社会秩序，又侵犯了他人的人身权利，因此需要使用驱逐性、制服性警械当场制止。“结伙斗殴”区别于聚众斗殴，不需要有组织者、策划者，只要斗殴各方人数都超过 2 人（含 2 人）就可以形成“结伙”。结伙人员有的甚至携带凶器，极易造成人员伤亡。“殴打他人”是指一方的一人或数人以暴力直接损伤另一方一人或数人身体的行为。殴打他人不同于结伙斗殴，一般过错只在一方，也只处罚一方。“寻衅

滋事”是指在公共场所无事生非、起哄闹事，造成公共场所秩序严重混乱的，追逐、拦截、辱骂、恐吓他人，强拿硬要或者任意损毁、占用公私财物，破坏社会秩序，情节严重的行为。“侮辱妇女”是指以下流无耻的动作、语言，调戏、侮辱、捉弄、猥亵、摧残妇女的行为。如追逐拦截、强行搂抱、撕烂衣服等。此外，其他违反社会公德、破坏社会秩序、伤风败俗的流氓行为都可使用驱逐性、制服性警械制止。

2. 聚众扰乱公共场所秩序的情形

本情形中的“聚众”是指纠集多人，且有首要分子。“扰乱”是指以辱骂、纠缠、哄闹、占据、堵门、强行闯入等方式进行的各种干扰和破坏行为。公共场所也不限于《条例》第 7 条第（2）项列举的车站、码头、民用航空站、运动场，还包括公园、广场、商场、各种展会、影剧院等场所。由于本情形中参与人员众多，为防止出现大规模的暴力对抗和严重伤亡损失，民警应事先做好研判评估，慎用强制手段。

3. 非法举行集会、游行、示威的情形

集会、游行、示威是公民的基本政治权利，受到宪法和法律保护。但是，公民在行使集会、游行、示威权利的同时，必须遵守法律规定，不得违反宪法确定的基本原则，不得扰乱社会秩序，不得侵犯其他公民合法权益。否则，就是非法集会、游行、示威。未经合法申请或申请但并未获得许可，未按照许可的目的、方式、标语、口号、起止时间、地点、路线举行的集会、游行、示威即视为非法。遇集会、游行、示威中携带武器、管制刀具或者爆炸物，未按照主管机关许可的起止时间、地点、路线进行又拒不服从解散命令，包围、冲击国家机关，占领公共场所、拦截车辆行人或者聚众堵塞交通等情形，民警都可使用驱逐性、制服性警械制止。

4. 强行冲越人民警察为履行职责设置的警戒线的情形

很多民警对《条例》第 7 条第（4）项中的“强行”应作何解释把握不清、不敢使用警械，造成被动执法。本情形中的强行并不意味着相对人要与警察发生肢体冲突，相对人很可能并未对警察实施殴打等暴力行为。只要相对人不顾民警劝阻与制止，无视警示标示，径直冲撞或者越过人民警察为履行职责设置的警戒线的行为都属本情形。其中“履行职责”是指，人民警察执行法律赋予的任务和职责之行为。“警戒线”是指民警为了进行现场勘查、收集证据、抓捕犯罪嫌疑人、保护重要目标和人员等任务，或为保守警务秘密，在特定区域设置的无关人员不得闯入、越过的界线。

5. 暴力抗拒或阻碍人民警察执法的情形

《条例》第 7 条第（5）项所指的“暴力”，不仅指对人民警察人身施加的武力，而且包括对人民警察为履行职责所处的工作环境、使用的交通工具、通信工具以及文件、物品实施武力破坏的行为。对上述暴力的对象采取广义的理解，盖源于民警为履行职责所处的场所、交通工具，其使用的通信工具以及文件、物品皆是警察执法权威的象征。破坏上述对象不仅影响警察履行职责，更是对法律的漠视。例如，相对人突然夺取民警佩戴的警用装备（即便没有殴打民警）的行为就构成上述暴力行为。“抗拒”是指相人对人民警察履行职责所作出的执法行为、发出的执法命令反抗或者拒不服从。例如，面对民警实施的强行带离现场采取暴力挣脱和反抗行为。对民警“阻碍”是指对人民警察实施的执法行为进行干涉和阻挠。例如，采用暴力阻拦民警进入执法现场进行调查处置。

6. 暴力袭击民警的情形

《条例》第 7 条第（6）项所述的“袭击”是指相对人对人民警察出其不意地进行攻击的行为，包括对人身的暴力攻击和人民警察乘坐的交通工具、居住或办公的场所等进行的暴力攻击。可见，此项袭击也应做广义理解，在上述情形中，民警与其所乘坐的交通工具、居住或办公的场所处于共存的状态。若相对人对这些交通工具和场所进行暴力破坏、打砸，同样将危及在内的民警人身安全。若相对人明知民警正坐在警车内，依然持械暴力打砸警车，则相对人的行为应以暴力袭警论。若相对人明知民警在派出所某办公室内办公，依然以砖块打碎该办公室玻璃，即便没有伤害到民警也应以暴力袭警论。

7. 其他危害公共安全、社会秩序和公民人身安全需要当场制止的情形

《条例》第 7 条第（7）项规定了使用驱逐性、制服性警械的兜底条款。除上述六种情形以外的危害公共安全、社会秩序和公民人身安全需要当场制止的行为，民警都可使用驱逐性、制服性警械制止。具体包括：扰乱机关、团体、企

业、事业单位的工作秩序；扰乱公共汽车、飞机、火车、电车、船只等公共交通运输秩序；非法限制他人人身自由或以其他方法威胁他人人身安全等危害公共安全、社会秩序和公民人身安全的行为。以本项为依据，当相对人持械步步逼近民警时，民警可以使用驱逐性、制服性警械制止。即便在该情形下使用武器尚没有明确依据，但该情形毕竟危及民警人身安全，符合本项规定。

8. 法律、行政法规规定的可以使用警械的其他情形

为避免上述规定有所遗漏，《条例》第 7 条第（8）项做出了补充规定。主要包括《人民警察法》第 11 条规定的可以使用警械的情形，《铁路法》第 53 条、《集会游行示威法》第 27 条、《集会游行示威法实施条例》第 23 条规定的可以强行驱散的情形以及《戒严法》第 26 条规定的可以使用警械强行制止或者驱散的情形。

（三）使用约束性警械的情形

《条例》第 8 条第 1 款规定了使用约束性警械的适用条件，即防止相对人脱逃、行凶、自杀、自伤或有其他危险行为，民警可使用警械约束相对人的身体自由。此规定一是为了保护违法犯罪嫌疑人和其他公民人身安全；二是为了保障民警有效地履行职责和保护其自身安全。

1. 抓获违法犯罪分子或者犯罪重大嫌疑人的情形

“违法犯罪分子”并非我国现行法律规范中的规范用语，结合《条例》释义和体系解释，其含义应为民警现场发现实施了违法犯罪行为，依法应当受到相应法律制裁的行为人。依据《刑事诉讼法》规定，“犯罪重大嫌疑人”解释为有证据证明有犯罪重大嫌疑而需要审查的人。如正在预备犯罪、实行犯罪或者在犯罪后即时被发觉的；被害人或者在场亲眼看见的人指认他犯罪的；在身边或者住处发现有犯罪证据的；犯罪后企图自杀、逃跑或者在逃的；有毁灭、伪造证据或者串供可能的；不讲真实姓名、住址，身份不明的；有流窜作案、多次作案、结伙作案重大嫌疑的。上述情形为抓捕现行的情形，时间紧迫来不及办理相关法律手续，可由民警现场决定采用约束性警械。

2. 执行逮捕、拘留、看押、押解、审讯、拘传、强制传唤的情形

逮捕是指依据《刑事诉讼法》规定，由人民警察机关执行的限制人身自由、予以羁押的刑事强制措施。拘留是指依据《刑事诉讼法》规定，由人民警察机关对现行犯和重大嫌疑犯临时限制其人身自由的刑事强制措施。“看押”是指看管被关押的违法犯罪人员或重大犯罪嫌疑人，等待进一步审查及处理的强制方法。“押解”是指将违法犯罪人员在专人看管下从一地押送到另一地的强制性方法。“审讯”是指为了查明违法犯罪事实而对违法犯罪行为人或嫌疑人进行的讯问。“拘传”是出现《刑事诉讼法》第117条规定之情形，由民警强制嫌疑人到案的一种强制措施。“强制传唤”是指民警依据《治安管理处罚法》第82条之规定，对无正当理由不接受传唤或者逃避传唤的人，采用强制手段令其接受调查的强制措施。

3. 实施保护性约束的情形

此类情形主要针对精神病人发病时、吸毒人员为戒毒需要和相对人处于醉酒状态时，对其采取保护性约束的规定。在此类情形下，相对人行为能力往往受到影响。对他们进行保护性约束既是为了保护其人身安全，也是为了保障其他相关人员安全。相关情形主要有《刑事诉讼法》第303条关于对实施暴力行为的精神病人进行保护性约束的情形；《禁毒法》第44条关于在强制隔离戒毒场所采取保护性约束的情形；《公安机关办理行政案件程序规定》第58条关于对违法嫌疑人采取保护性约束的情形；《拘留所条例实施办法》第46条关于对被拘留人毒瘾发作或者出现精神障碍时采取保护性约束的情形；《道路交通安全法》第91条和《公安部关于公安机关办理醉酒驾驶机动车犯罪案件的指导意见》对醉酒驾驶人约束酒醒的情形；《公安机关强制隔离戒毒所管理办法》第45条关于对行为举止失控的当事人保护性约束的情形。

4. 法律、行政法规规定可以使用警械的其他情形

除前三类情形外，《条例》第8条第（3）项还设置了补充条款。此项中所述的法律和行政法规主要指《人民警察法》第11条规定的可以使用警械的情形，《监狱法》第45条规定的可以使用戒具的情形，《看守所条例》第17条和第21条规定的可以加戴械具的情形。

《条例》第8条第2款规定了使用约束性警械的禁则，即民警使用约束性警

械不得故意造成人身伤害。法律规定民警使用手铐、脚镣、警绳等约束性警械，一方面是为了限制违法犯罪人员的身体行动自由；另一方面也是为了保护其人身安全和民警合法权益。民警不得将约束性警械用作刑讯逼供、故意殴打、体罚罪犯等非法目的。

（四）使用武器的情形

1. 放火、决水、爆炸等严重危害公共安全的情形

“放火”也称纵火，是指通过使物品燃烧，故意制造火灾的行为。“决水”是故意破坏水利设施、使水流横溢、泛滥成灾的行为。如堵塞水道、破坏水闸、爆破炸毁堤坝、破坏防汛设施等。“爆炸”是指故意以爆破的方法破坏公私财务或者杀伤群众的行为。上述三种行为都是正在进行的用危险方法严重危害公共安全的行为，如不制止将会危害不特定的多数人生命安全。在开枪界限的把握上还应注意结合对法益是否有现实紧迫的危险来判断。例如，行为人观察纵火位置、制作爆炸物的阶段，民警就没有必要开枪阻止。因为此刻尚处于犯罪预备阶段，行为人尚未实行犯罪行为。

2. 劫持或驾驶机动交通工具故意危害公共安全的情形

本情形中所述交通工具包括航空器、船舰、火车、机动车等机动交通工具。“劫持”是指使用暴力、胁迫或者其他危险方法对交通工具进行控制的严重暴力犯罪行为。如持枪、爆炸物对驾驶人员或交通工具上其他人员人身安全进行威胁，或威胁交通工具整体安全，迫使驾驶人员服从，达到控制交通工具实施不法行为的目的。“驾驶机动交通工具”故意危害公共安全是指驾驶机动交通工具故意撞击行人、其他交通工具或者建筑物，冲击人群等危害公共安全的行为。需要注意的是，劫持行为需要在劫持者与被劫持者之间形成控制与被控制的关系才告成立。如乘客因为座位或其他纠纷对机组扬言称自己行李内有炸弹，但又并未提出控制飞机的要求，此情形就不能认定为劫持飞机。

3. 抢夺、抢劫危险物品严重危害公共安全的情形

本类情形中的危险物品包括枪支弹药、爆炸、剧毒、放射性、腐蚀性等能够对人身或公共安全造成威胁的物品。“抢夺、抢劫”是指公然夺取或者使用暴

力，或者以威胁手段强行夺取枪支弹药、爆炸、剧毒等危险物品的行为。上述危险物品具有很强的杀伤作用和破坏性，一旦为行为人掌握或使用，将对公民生命安全和公共安全造成极大威胁。因此，抢夺、抢劫上述危险物品的行为本身既可视为危害公共安全。至于行为人是否抢夺、抢劫并实际控制上述物品，实际控制后是否使用这些物品实施其他犯罪，在所不论。只要行为人实施了抢夺、抢劫危险物品的行为，民警即可使用武器制止。

4. 使用危险物品实施犯罪或以使用危险物品相威胁实施犯罪的情形

本类情形中的危险物品含义同第三项情形，依然指枪支、爆炸、剧毒等危险物品。“使用”是指已经使用或正在使用上述危险物品实施犯罪行为。例如，开枪杀人或拒捕，投掷或引爆爆炸物实施危害公共安全的犯罪行为，在公共场所施放毒气，在饮用水中投放毒药等。上述行为已经明显危害不特定多数人生命安全，民警应果断使用武器制止。“以使用相威胁”是指行为人当场持有危险物品、尚未使用，但是当场可以使用并威胁要当场使用实施犯罪的。《条例》释义中的解释在实践中遭遇了颇多争议。因为，“当场可以使用”的表述就说明这些危险物品是具有实际杀伤力，确实能够危及公共安全的物品，“玩具枪”“仿真枪”自然不能包括在内。依照上述解释，当行为人持玩具枪指向民警并威胁民警要开枪时，如果民警开枪将会违法，这是一线民警无法接受的。因为，在瞬息万变的现场判明危险物品真假难度太大，民警不应负有这样的义务。笔者同意《条例》释义中的解释，但建议重构我们的判明标准，以客观合理标准取代客观确认标准来回应实践的诘难。这样，民警在一个“理性警察”也无法准确判断现场情况时开枪就可以免责。

5. 破坏重要设施足以对公共安全造成严重紧迫危险的情形

此类情形中所述的重要设施包括军事、通信、交通、能源、防险等重要设施。“破坏”是指故意捣毁、损坏，致使各种设施全部或者部分丧失使用价值。“足以对公共安全造成严重、紧迫危险”是指破坏行为已经或正在造成各种设施的毁坏。由于该类设施事关国家基础建设，如果遭到破坏将会威胁公共安全、造成社会秩序严重混乱。因此，遇上述情形，民警可使用武器予以制止。

6. 实施凶杀、劫持人质等暴力行为危及公民生命安全的情形随着社会变迁，“凶杀”在我国已不是一个内涵十分准确的法学概念。结合文义解释与体系解释，《条例》第9条第（6）项的“凶杀”应是指使用暴力直接侵害他人生命安全，可能造成他人重伤或死亡的暴力犯罪行为。在警务实践中，不能将凶杀理解为故意杀人。如民警遇行为人持刀砍刺被害人，很难判断这是故意伤害还是故意杀人行为。该行为是否会造成被害人死亡的结果也无法估计。但行为人的暴力侵害危及他人生命安全的危害性和紧迫性是显而易见的。因此，对于凶杀的情形，民警不需要判断具体结果和行为人主观心态。只要出现该情形即视为危及公民生命安全，可使用武器制止。“劫持人质”是用暴力方法对被害人的身体进行挟持而达到其犯罪目的的行为。同理，该行为同样危及被害人生命安全。无论劫持者出于何种动机，欲达何种目的，只要客观上实施了劫持人质的行为，民警就可以使用武器制止。

7. 国家规定的警卫、守卫、警戒的对象和目标受到暴力袭击破坏

人民警察警卫的对象包括党和国家领导人，来华访问的外国国家元首，总理、副总理、议长、副议长等重要外宾。人民警察守卫的对象是指重要场所和设施。人民警察警戒的目标是指看守所、监狱和其他需要警戒的场所。上述警卫、警戒的对象、目标遭受暴力袭击、破坏或遇有暴力袭击、破坏的紧迫危险时，可以使用武器。

8. 结伙抢劫或者持械抢劫公私财务的情形

抢劫是指当场使用暴力、胁迫或者其他方法强行夺取公私财务的行为。抢劫不仅侵犯公私财务的所有权，而且侵犯受害人的人身权利。但是有的抢劫并未当场使用暴力，而是使用胁迫或其他尚未对被害人人身安全构成紧迫危险的方式，因而不需要使用武器制止。而“结伙抢劫”是指三人以上（包括三人）共同实施抢劫公私财务的行为。“持械抢劫”是指持枪、刀、棍棒或者其他可以用于杀伤他人的器械进行抢劫的行为。考虑到此两种抢劫构成对被害人人身安全的紧迫威胁，且社会危害性比其他抢劫更大，需要当场使用武器制止。

9. 聚众械斗、暴乱用其他方法不能制止的情形

“聚众械斗”是指在首要分子的组织、策划或煽动下纠集多人持械相互进行殴斗。聚众械斗具有严重的社会危害性，极易造成人员伤亡。“聚众暴乱”是

指纠集多人使用袭击、打砸、绑架、纵火焚烧、抢劫抢夺等暴力破坏社会秩序、制造混乱，危害国家安全的行为。聚众暴乱会引发大规模的人员伤亡、财产损失和社会混乱。上述两种行为都是群体性的破坏社会秩序行为，参与人员众多、成分复杂。《条例》第9条第（9）项要求“用其他方法不能制止的”才用武器制止。因此，在现场处置中应首选使用警械制止，必须使用武器制止时注意区分首要分子和胁从分子。

10. 以暴力抗法、阻碍或袭警危及民警生命安全的情形

本情形体现出《条例》对民警人身安全的保障。适用中应注意，暴力抗拒、阻碍民警执法的主体有所不同。“暴力抗拒人民警察依法履行职责”是指对民警执法负有义务的人，使用暴力反抗或者拒绝人民警察履行职责，妨碍人民警察职责事项完成的行为。“暴力阻碍人民警察依法履行职责”是对民警执法负有义务的人以外的其他人，使用暴力阻挡或者妨碍民警履行职责。“暴力袭击人民警察”如使用警械情形取广义解释，是指使用暴力对人民警察的人身实施的打击或者伤害，袭击人民警察正在驾驶、乘坐的交通工具，正在使用的办公、住宿场所。较难把握的是“危及民警生命安全”的含义，其指暴力行为直接剥夺人民警察的生命或者有剥夺人民警察生命的紧迫危险的情形。当行为人持刀追砍民警时，即便双方尚有几步距离，民警依然可开枪制止。虽然没有实害结果出现，但上述暴力袭警行为已经有剥夺民警生命的紧迫危险。

11. 在押人员、罪犯聚众骚乱、暴乱、行凶或者脱逃的情形

“在押人员”是指被依法逮捕、拘留并处于被羁押状态的人。“罪犯”是指被判处拘役以上并在监狱服刑的人。在押人员、罪犯也包括在监管场所以外处于被押解、审讯状态中的人。本情形为制止在押人员、罪犯严重破坏监管场所秩序或者脱逃的犯罪行为。适用本情形应考虑行为人暴力行为是否构成紧迫危险，是否具有严重社会危害性，而不是无一例外地使用武器制止。如一名盗窃犯未伤害监管人员脱逃，可以使用其他强制手段抓捕。若犯有抢劫杀人的罪犯脱逃，考虑其后续的社会危害性，可使用武器制止逃跑行为。

12. 劫夺在押人员、罪犯的情形

此情形是为制止被监管的人员、罪犯以外的其他人对国家政权和司法制度

实施侵害的犯罪行为。劫夺在押人员、罪犯是指行为人公然使用暴力劫持或劫夺在押人员、罪犯并使之脱离羁押或者监管的行为。具体包括将在押人员、罪犯从监狱、看守所劫出监管范围，也包括在审讯过程中或者押解途中将在押人员、罪犯从监管人员控制下劫走的行为。劫夺在押人犯、罪犯行为在藐视国家政权的同时会危及监管人员人身安全。若造成在押人员、罪犯逃跑还可能造成更深远的社会危害性，应适用武器及时制止。

13. 实施严重暴力犯罪行为后拒捕、逃跑的情形

《条例》第 9 条第（13）项将严重暴力犯罪行为限定为放火、决水、爆炸、凶杀、抢劫或其他严重暴力犯罪行为。实施严重暴力犯罪行为后是指民警到达现场时，行为人的严重暴力犯罪行为已经结束或被制止。此时民警应将行为人拘捕归案按照程序追究其刑事责任。若行为人暴力拒捕或逃跑，则民警可使用武器制止其抗拒或者逃跑行为。虽然严重暴力犯罪行为本身已经结束，但实施了该暴力行为的行为人具有极高的社会危害性。若放任其拒捕或逃跑，恐其会继续作案危及公共安全。在实践中，民警应综合考量行为人先前实施犯罪行为的手段、造成危害，评估其后续危害公共安全的可能性，而不是贸然对逃跑的行为人开枪。

14. 行为人携带危险物品拒捕、逃跑的情形

“危险物品”的解释同样为枪支、爆炸、剧毒等危险物品。行为人携带危险物品拒捕、逃跑，包括行为人实施犯罪被警察及时发现后携带危险物品拒捕、逃跑，同时包括被通缉、被追捕的在逃犯罪分子携带危险物品拒捕、逃跑。上述行为人或者没有实施犯罪行为或者其实施的犯罪行为已经结束，但他们携带危险物品拒捕或逃跑仍未消除其社会危害性。若其拒捕或逃跑得逞，同样会危害他人生命安全或公共安全。民警可在此情形下使用武器消除这种社会危害性。

15. 法律、行政法规规定可以使用武器的其他情形

虽然《条例》第 9 条第（15）项作出了兜底规定，纳入《条例》没有列举穷尽而其他法律、行政法规规定可以使用武器的情形。但考虑到法律保留原则，只能由法律对使用武器的情形做出规定。此类情形包括《反恐怖主义法》第 62 条规定的情形、《监狱法》第 46 条规定的情形、《戒严法》第 28 条规定的情形。

16. 不得使用武器的情形

《条例》第 10 条规定了人民警察不得使用武器的情形。出于人道主义和保护人权的精神，“发现实施犯罪的人为怀孕妇女、儿童的”，民警不得使用武器。为保护群众安全和公共安全，“犯罪分子处于群众聚集场所或者存放大量易燃、易爆、剧毒、放射性等危险物品的场所的”，民警不得使用武器。同时上述两项禁则中又规定了例外。《规范》第 16 条第（3）项又强调了，“正在实施盗窃、诈骗等非暴力犯罪以及实施上述犯罪后拒捕、逃跑的”，民警不得使用武器。《规程》第 33 条 第（1）项还强调了，“处理治安案件、群众上访事件、疏导道路交通和查处交通违法等非刑事执法活动时”，民警不得使用武器。上述两条规定并没有设定新的权利义务，是对“暴力犯罪行为紧急情形”这一条件的进一步解释和强调。

17. 停止使用武器的情形

《条例》第 11 条规定了当“犯罪分子停止实施犯罪，服从人民警察命令时”和“犯罪分子失去继续实施犯罪能力”时，民警应当立即停止使用武器。无论行为人主动停止还是由于意志以外的因素停止实施犯罪行为，只要其听从民警指令、接受民警的处置，民警都应停止使用武器。“失去继续实施犯罪能力”是指行为人由于意志以外的因素丧失继续实施犯罪、抗拒抓捕、逃跑的能力。如行为人受伤已经无法继续实施犯罪行为，就没必要继续使用武器了。

（五）使用非规定器材的情形

《条例》第 2 条规定，人民警察制止违法犯罪行为，可以采取强制手段。使用非规定的器械实施强制就是强制手段的一种。《规程》第 28 条规定，符合使用警械条件，但是现场没有警械或者使用警械可能造成更为严重危害后果的，公安民警可以使用除武器以外的其他物品对违法犯罪行为人进行控制。该规定中的“除武器以外的其他物品”即是指非规定器械。需要明确的是，这种替代措施的使用也应当与行为人实施行为的暴力程度相适应。如行为人拳脚相加袭击民警，民警在现场如无制式警棍可用，则可随机拾起地上铁棍制止，但应避免击打行为人头部等致命部位。

三、对使用强制手段情形的合理补充

随着社会变迁和执法环境变化，一线民警往往突破《条例》《规程》和《规范》现有的强制手段适用情形实施强制。同时，这些使用强制手段的情形也有进入立法范围的必要性。因此，有必要对现有规定中强制手段适用情形进行合理扩充，使之适应当前情势需要。

（一）增设对物使用强制手段的情形

我国现行强制手段的含义为对违法犯罪行为人实施的人身打击或约束，可见强制手段作用的对象仅限定于人的范围。但实践中屡屡发生需要民警对物或财产使用强制手段以达到执法目的的情形。因此，应出台“警察强制手段法”并在其中增补对物使用强制手段的情形。一是针对疯牛或猛犬等已经或可能伤人的动物，民警得使用强制手段制止其活动保护周围人员人身安全，必要时应准许民警开枪将其击毙。在加拿大和我国香港地区都有警察可合法击毙具有潜在危险动物的规定。[①] 二是当民警执法受阻，需要强制执行时，得使用强制手段击毁、破坏物件，保障执法目的的实现。例如，民警命令相对人下车接受检查，而相对人紧锁车门、关闭车窗，拒不配合民警的检查要求。民警此时可使用警棍击破车窗，执行强制检查。三是当行为人以某物作为违法犯罪工具，民警得使用强制手段破坏该物，制止违法犯罪行为。例如，毒贩在民警围捕之下，跳上机动车欲驾车逃跑，民警可直接开枪击破车胎，制止行为人逃跑。

（二）增设对行为人拒不保持安全距离使用强制手段的情形

允许民警使用强制手段制止殴打他人、暴力抗法的行为，是因为该行为已经明显地表现出社会危害性，实际侵犯了相关法益。在执法中，民警常遇行为人步步逼近，拒不听从保持安全距离命令的情形。表面上看，这种步步逼近的行为并未造成现实的伤害后果（与暴力袭警、抗法不同），危害性好像也并不明显。研

---

① 逯国亮．比例原则在我国枪械使用中的运用．山东大学，2016.

究过往案例可发现，步步逼近民警的行为人可能突然暴力攻击民警。当民警持枪在手时，甚至可能抢夺民警配枪。保持一定安全距离对民警有效履行职责、保障自身权益具有重要意义。笔者建议，在现行规范中纳入行为人拒不听从保持安全距离命令、逼近民警的，民警可使用强制手段制止的规定。需要强调的是，这种强制手段依然应符合比例原则。如行为人徒手逼近民警，民警可使用掌根震击、前踢等伤害较轻的徒手技能制止。如行为人持械逼近民警，民警可使用武器制止。在此问题上，已有相关立法经验可供参考。如《俄罗斯联邦警察法》第 24 条第 2 款规定，当警察持枪时，若嫌犯靠近警察并超过警察指令的安全距离，或接触警察枪支时，警察可以开枪。

（三）进一步细化适用情形与强制手段的对应关系

在强制手段适用情形的列举上，我国法律可谓保持了细致的风格。然而，在情形与具体强制手段的对应关系上，依然有待于进一步细化。如催泪喷射器与伸缩警棍同属驱逐性、制服性警械，但它们的适用情形就应有所不同。具体说来，适用徒手强制的情形可同样适用于催泪喷射器。但如果在这些情形下使用警棍则显得有些过当。仅就使用警棍而言，其适用情形也可进一步细分。因为伸缩警棍除了常见的击打作用外，还有锁、压等控制机能。对于侵害强度明显较弱的后者，完全可以在徒手强制中结合使用。就徒手强制而言，其适用情形也不能一概而论。抓捕穷凶极恶的严重暴力犯罪嫌疑人，自然可以使用锁喉摔。而对于滞留特定场所扰乱秩序的行为人，采用直臂带离或腕肘锁带离即可。立法者很难在法律和行政法规中作出如此细致的规定，但进一步细化使用情形与强制手段的对应关系，应是各地公安机关制定内部裁量基准和执法手册时努力的方向。

第七章

警察使用强制手段的程序落实

"使用警械须经过下列步骤：一、作势，表示动作姿势；二、预令，警告立将动作；三、实施，经过一二步步骤实施动作。"这是近 90 年前的《湖南省会公安局使用警械规则》（1932 年）第 4 条规定。从这份民国时期的法律文件我们依稀可以辨认出警示或者戒备、警告、打击或控制三个使用强制手段的步骤。时至今日，该领域的立法已经有了更细化的发展。使用强制手段应经由哪几个步骤，其背后的法律基础何在？这些步骤又如何与相关技能、战术、指挥要素相结合，进而外化为现实的执法过程？在此过程中，如何既保障行为人合法权益又保护警察自身安全？本章尝试将法律规定与技战术运用相结合，探讨如何将警察使用强制手段的程序规定在实践中落实。

一、做好使用强制手段的准备

并不是每一次警民相遇都会发生武力冲突，但职业的风险又要求警察时常做好使用武力的准备，这可谓一对矛盾。公安部《110 接处警工作规则》第 52 条、《公安机关人民警察盘查规范》第 17 条、《交通警察道路执勤执法工作规范》第 27 条都涉及使用强制手段前的准备工作。在实践中应从以下几方面贯彻上述规定。

（一）收集信息

笔者曾对辽宁省某城区 2018 年警情数据进行统计。结果发现在 9932 条殴打他人、打架斗殴、寻衅滋事等常见治安警情信息中，有 494 条报警信息中涉及刀、棍、棒、持械、打、受伤、砍、捅、流血、车撞等高危词。这些高危警情信息说明，出警民警即将到往一个危险的执法现场，与暴力倾向明显的行为人接触，很有可能会使用强制手段。在接到上述高危警情后，警组组长应立即召集人员传达警情，快速分析警情中案件性质、涉及人数、危险来源、人员伤亡等关键信息。这些分析能帮助警组成员快速判断警情性质，知晓警情的紧急和危险程度，做好相应准备。实战中常见警组警长接警后，只是下达出警目的地，再无更多信息传达给民警或辅警。结果由于处警人员对警情缺乏充分的了解和预判，而付出本可避免的伤亡代价。在赶往现场途中，警组还应尽可能与案件现场人员（被害人、证人等）取得联系，实时追踪、核实现场变化。如行为人情绪与行为变化，是否持有凶器、武器，人员伤亡是否扩大，行为人离开现场后的去向等信息。

（二）齐整人员

接到警情后，警组应立即召集处警人员。在警民矛盾突出、执法环境日趋复杂的今天，一名民警带领一到两名辅警匆忙上阵的现象依然存在。这既不利于保持和发扬警力优势、带来执法中的危险，又与现场处置规范不符。因此，面对可能使用强制手段的高危警情，基层实战部门应保证至少两名民警一同处置。此外，还应视警情性质不同作出有针对性的人员准备。如遇酒醉者闹事应尽快联系其家人。如遇家暴类警情应有女警协助处警。切勿让辅警单独处置高危警情。辅警并不具有行政执法和使用警械武器权，这既不利于制止违法犯罪行为，也不利于其保护自身安全。同时，处警人员应注意自身执法形象，肩章、警号与证件佩戴齐全、警容严整，避免相对人抓住处警人员不具备执法或使用强制手段资格而纠缠使执法受阻。

（三）配齐装备

在某分局民警教育训练处组织的警情处置考核中，考核人员设定了有疑似精神障碍患者扬言持刀伤人的警情，并向该分局下辖的七个派出所下达了该警情。结果发现，只有一个警组携带了防暴盾牌、穿着防刺背心、戴防割手套到现场处置。而其余六个警组有的只携带了常规单警装备到场，有的甚至只携带了一把佩枪。该现象充分暴露了基层民警对规范携带装备器材的重要性认识不足，同时基层所、队对于该问题的监督考核还存在缺位。这就不难解释，为何有民警在遭到相对人殴打时手中没有一件警械可用，无奈之下只能拔出佩枪却又不敢开枪。还有的民警明明有警械却不携带，取而代之以镐把震慑执法，这就为违法使用强制手段埋下了隐患。此外，在赶赴现场途中，民警还应检查警械武器性能与状态，确保执法记录仪、对讲机等装备没有故障。

（四）调整心理

在笔者所做的调研中发现，高危警情与普通治安警情比例大约为 1 ∶ 20。可见，基层民警的执法状况并非时时刻刻有危险，更多的是琐碎繁重的常规警情处置。很多警情只要民警耐心劝导、说服教育、主持调解即能解决。恰恰是大量的常规警情让民警降低了职业敏感，放松了警惕意识。另外，对同类警情的重复处置、非警务警情的干扰、加之警力有限，很多民警滋生出疲劳、消极、厌烦的工作心态。这些不良心态往往影响了民警的执法表现，很容易因为执法语言运用不当、执法行为过激，致使矛盾激化、事态升级。这就要求民警及时自我察觉、积极调整，切勿急躁、情绪化地使用强制手段。与此同时，基层指挥员也应适时组织警组成员交流情况、商讨方案，引导他们从不良情绪中解脱出来，专注于当下警情的处置。

二、评估判断情况

《规程》第 9 条规定，民警现场制止违法犯罪行为时综合各方面信息对警情评估判断。这是将执法现场各种信息综合加工并结合过往执法经验，能动地预想人员、装备、环境各种现场因素对使用强制手段可能产生何种影响的过程。

（一）对违法犯罪行为的评估

民警到达现场后，应立即判断现场发生的违法犯罪行为性质。其重点是应认清行为人实施违法犯罪行为的手段，达到何种危害程度。通过上述评估来衡量现场情况满足使用何种层级强制手段的客观条件。若行为人以非暴力方式实施违法犯罪行为，则民警切忌直接使用徒手制止。此时民警应考虑使用口头制止，若口头制止无效则使用口头传唤、强制传唤将行为人带回调查。若满足条件则可直接强行带离现场。若行为人以轻微暴力方式实施违法犯罪行为，如撕扯、推搡，则民警应准备在警告无效后使用徒手强制。若行为人以明显的、主动的暴力方式实施违法犯罪行为，如殴打、围攻，则民警应在警告无效后使用驱逐性、制服性警械制止。若行为人暴力侵害手段已经达到危及在场人员生命安全程度，如持刀劈砍、捅刺，则民警应在警告无效后果断使用武器制止。往往民警在到达现场后，行为人的违法犯罪行为已经结束，民警对其先前实施了何种行为掌握有限。若此时行为人拒捕或逃跑，则民警应小心谨慎。除非行为人暴力拒捕威胁民警生命安全，否则民警万万不能开枪。因为，无论采用客观合理标准还是客观确认标准，此时都缺乏判明情况的主观条件。

（二）对行为人的评估

对行为人的评估包括对行为人数量、性别、年龄、身体与精神情况、是否携带凶器或其他危险物品等情况的评估。若现场可见多名行为人，则民警应对他们的行为进行区分。准确判断他们实施违法犯罪行为的手段和造成危害结果是否有差异。因为，使用强制手段很可能误伤他人，并非每一个行为人都会成为民警使用强制手段的对象。尤其是民警使用武器时，要确认实施了严重暴力犯罪行为并达到紧急情形的行为人。若行为人人数众多，民警应考虑适当升级强制手段，争取及时控制事态。同理，若行为人身体和技能条件明显占优，民警也应考虑适当升级强制手段，保护自身安全。若行为人外貌特征明显表现为怀孕妇女或儿童，则应依照《条例》和《规程》中的规定慎用武器。若行为人为精神病患或处于醉酒状态，民警同样应慎用武器，同时做好实施保护性约束的准备。若行为人持凶器在手，民警应果断出枪戒备、实施警告，同时做好使用武器的心理准备。

（三）对周围环境的评估

民警还应考量周围环境因素对使用强制手段法律适用的影响，其中包括地形地物、潜在危险、周围人员以及建筑通道等情况。根据对现场周边环境的观察，民警应快速思考以下问题：现场是否属加油站、液化气站等有大量易燃、易爆、剧毒危险物品存放场所，原则上不应在该场所鸣枪警告或开枪。若现场有潜在的凶器存放，则民警应预先识别危险，占得先机。例如，运用口头制止指令行为人远离水果摊上的尖刀、院子里的锄头或厨房的煤气罐。对环境的先知先觉很可能会帮助民警避免一次使用强制手段与行为人的生死对抗。若现场有围观群众聚集，则民警应在使用强制手段之前命令无关人员躲避，避免误伤群众。当围观群众有人持手机拍摄时，民警更应注意采取强制手段前反复实施警告。主动接受监督的同时宣传普法，教育群众守法。此外，民警还应提前预想，若行为人使用枪支袭警，现场可供躲避的掩体在哪里。若现场环境不宜使用武器还击，则安全的撤退路线又在哪里。

（四）对民警自身的评估

在评估上述因素的基础上，公安民警应反观自身情况，包括处警人员的人数、技能战术掌握水平、装备器材条件、警组配合的默契度、增援能否及时赶到等情况。若警组人员及装备器材优势明显，则应争取使用非致命强制手段制止违法犯罪行为，而将开枪作为最后选择。若对抗精神障碍患者持刀闹事，就需要警组接受过此类专业训练，熟练掌握盾、棍（叉）、枪协同处置战术。若现场警力、装备器材、技能战术都不足以保证安全处置警情，则民警应采用围困和对话谈判的方式拖延对手，等待增援到场。切忌在没有把握的情况下，冒险使用强制手段，造成不应有的人员伤亡。若处警人员素质参差不齐、装备武器有限时，则应尽量把装备器材交给有训练经验、技战术水平过硬的民警携带、使用。

三、预先戒备与发出警告

《条例》第 7、9 条，《规程》第 31 条，《规范》第 12、13 条都有关于戒备和警告的规定。然而在实践中，戒备和警告不是孤立存在的，往往伴随着运用队形、调整站位等一系列战术动作。警察是在运用上述手段控制行为人的同时，做好使用强制手段的准备。

（一）合理站位

当民警进入执法现场后，应选取安全合理的站位，以充分判明情况、保障自身安全、对行为人严密控制。具体涉及保持安全距离、警组协同站位、选取有利地形等细节。

1. 收拢队形

警组到达现场后切忌几名民警分散站立，并同时面向几名行为人展开处置。民警应保持队形、集中警力优势、有序展开处置。一般警组成倒三角队形，负责处置和戒备的民警在前，负责取证的民警持执法记录仪在后。切勿动辄将辅警推到处置位置，应指挥其做好外围接应和管控工作。上述队形能够保证警组各成员分工明确、彼此照应、互相协同、避免误伤。处置和戒备民警应始终与行为人成策应站位，保证两名民警使用强制手段时能最大限度发挥效用。无论行为人对哪名民警发动攻击都会受到强制手段的牵制。与此同时，策应站位还可以保证民警在观察的时候形成视角互补，能够最大限度判明情况，互相提示行为人的危险动向。

2. 保持安全距离

执法经验不足的民警往往急于将矛盾双方分开，冒进地进入打斗双方的中间地带。也有民警从殴打他人的行为人背后接近，以徒手拉拽的方法阻止其侵害行为。结果由于没有保持足够安全距离、腹背受敌，很可能遭受暴力袭击而受伤。相对安全的站位是，民警避免在矛盾双方的中间、正前方和正后方站位，而在矛盾双方一侧站位，并保持安全距离。安全距离可以为民警进一步评估现场形势、做好戒备、发出警示警告赢得空间和时间。在实践中，安全距离也并非一个绝对意义上的数值。只要民警留出的距离能够保证自己有效躲避行为人暴力袭击，及时使用强制手段制止不法行为，即可视为安全。

3. 占据有利地形

《孙子兵法》第十篇《地形》中论道，“夫地形者，兵之助也”。在武力对抗中如能合理利用地形，就能取得主动和先机。当有暴力倾向的行为人位于卧室、车厢等狭小空间时，民警切勿随意进入。因为这样的空间自然拉近了人与人之间的距离，警力与装备的优势也无从施展。而应设法将行为人调离到开阔之处再进行处置。如果决定入户处置警情，民警一定要占据从室内撤出室外的最直接路线。避免站在室内的角落或门后，防止遭受袭击却无路可退。若行为人持刀在手，则民警应靠近车辆、树木等障碍物站位。在行为人行凶之际，民警可绕障碍物奔跑，为拔枪和警告争取时间。若行为人持枪或爆炸物，则民警应立即寻找掩体，迅速移动到掩体的安全界之内。

（二）预先警示与戒备

细化使用强制手段程序是当前的立法趋势。这一趋势主要体现在警示或戒备环节也被纳入立法范围。这不仅有利于保障行为人权益，同时也提升了使用强制手段的实战效果，能够保障民警安全。

1. 重视戒备（警示）的规范和实战意义

根据香港《警察程序手册》的规定，警察使用枪支程序为：第一步是手扶枪套进行戒备—拔枪指向地面—持枪指向嫌犯—开枪射击。联合国迎战原则还规定，维和警察在开火前还应经过武器装弹的程序。也就是通过向武器内填装弹药、上膛等视觉和听觉效果，发出警示。从法理的角度看，上述展示、预备、举枪等环节可以视为震慑或警示的意思表示。虽然该意思表示强度不一，但它们都传达出执法者已经开始做出使用武器的准备，应停止危害行为这一信息。这一系列动作也并非没有实战意义。从客观情形上看，警察却有使用武器之可能。提前拔枪、调整枪支状态和枪口指向、甚至进行概略瞄准，都可以争取时间、提高射击精度，避免仓促开枪。因此，若从实战角度观察，这些动作也可看作使用武器前的戒备动作。警示和戒备不过是同一套动作的两个方面。

当然，使用强制手段的警示并不限于开枪前的警示动作。凡使用前的提取、显示、调整状态等戒备动作都属警示。例如，民警握拳并提起手臂于胸前，预示着即将使用徒手制止。民警朝地面打开伸缩警棍，表明了可能使用警棍的态度。民警提取催泪喷射器后摇匀说明可能使用其喷射。目前我国《规程》和《规范》中仅规定了使用武器前的持枪戒备、出枪警示两个环节。使用其他强制手段前的警示或戒备环节则未见明文规定。笔者认为，这些规定有着实战和规范上的双重意义，为使用强制手段法律规范体系所必需。使用强制手段是循序渐进的动态过程，解析并规范该过程的每个环节能够为民警安全、有效地执法提供指引。虽然警示行为没有实际影响公民生命健康权，但是可能激化矛盾、削弱公众对警察执法的信任、磨损社会和谐。因此，应将各种警示行为纳入使用强制手段的程序规定。

2. 判断选择警示与戒备方式

美国辛辛那提警察局制定的《警察手册》规定，如果警察在执勤过程中遇到危险，确切地说是有合理理由认为自己或他人人身安全面临可预知的危险，则可拔枪并显示枪械。《俄罗斯联邦警察法》第 24 条第 1 款规定，警察如认为现场可能发生本法第 23 条规定的使用枪支的情形时，可预先拔枪并做好戒备。香港《警察通例》也规定，“如警务人员相信可能出现可以合法使用枪支的情形时，可以从枪套中拔出手枪或举起枪支，以作防范”[①]。很多国家和地区都规定了使用武器前发出警示的适用情形。这些规定对于约束警察肆意拔枪、示枪，规范使用枪支程序具有重要意义。笔者建议进一步扩充这些情形规定，囊括所有强制手段的警示，让民警的各种戒备动作都有法可依。

具体立法路径就可借鉴美国地方警察局的《警察手册》“合理理由”标准，在“警察使用强制手段法”中规定，如果民警有合理的理由相信即将有使用强制手段的情形出现，则可以预先做好使用该强制手段的戒备动作。当然，这些戒备动作同时也是一种警示。民警在执法中，即可依照上述规定付诸操作。例如，行为人突然徒手靠近民警时，民警有充分理由相信行为人会暴力袭警，随即就可采取提手戒备的方式，准备推开行为人保持安全距离。再如，民警实施强行带离现场时，若行为人威胁民警“如果你敢抓我，我就捅死你”，则民警有合理理由相信行为人将持刀袭警。民警此时可后退同时拔枪示警，进一步观察行为人动向。其实，我国目前已有此类规定。《规范》第 12 条中关于“持枪戒备”和第 13 条中关于“出枪警示”的规定就有此意。只是“判断可能发生暴力犯罪行为”和“发现犯罪行为人准备实施暴力犯罪行为的”含义不甚清楚，不如“合理理由”标准更有可操作性。需要强调的是此处的“合理理由”仍应是出自一个理性警察的视角。

---

① 莫文涛、刘宏斌．内地与香港警察枪支使用比较研究．河北公安警察职业学院学报，2017，17（1）：64-67.

（三）实施警告和发出躲避命令

《条例》和《规程》都有关于实施警告的规定，因此，民警应在分析判断情况基础上，选择适恰的方式实施警告。实际执法时，现场情况往往处于快速变化中，民警很可能无暇按部就班地调整站位、做好戒备、实施警告。较为安全并切合实战的做法是尽可能将上述三者合并同步完成。例如，行为人步步紧逼民警，民警在做出其可能徒手袭警的预判后，应快速后退保持安全距离。在此过程中，立即提起双手于胸前做出警示或戒备动作，同时发出口头警告"退后，否则使用徒手强制"。若行为人继续向前，则民警可徒手前推迫使行为人退后。这不仅是贯彻程序规定的需要，也是警察执法威严的体现。训练有素的技能和坚定的警告会向行为人传达如下信息，"你必须配合我的执法，否则我将使用强制手段"。若情况紧急来不及警告，或警告后可能造成更为严重的危害后果，则民警可直接使用武器。

《条例》释义明确了使用武器前的警告可以是口头警告也可以是鸣枪警告。民警应在评估违法犯罪行为具体情态和现场周边环境后，采取相对合理、有效的警告方式。若民警在封闭环境中执法且与行为人距离较近，则使用口头警告即可明确表意，而鸣枪警告可能发生子弹折射伤及无辜。若行为人实施了严重暴力犯罪行为后逃跑，鸣枪警告往往没有效果，因为枪声会让行为人亡命逃窜。此外，民警在追逃过程中鸣枪还不容易控制射击方向，增加了意外的可能。若民警在缺乏警力优势的情况下欲制止聚众械斗，口头警告很可能无济于事，鸣枪警告会有更明显的震慑效果。鸣枪时民警还应注意选择安全的指向。根据《规范》和《规程》规定，若现场有围观群众聚集还应在使用强制手段前命令无关人员躲避。尤其使用武器和催泪喷射器之前，更应指令在场人员躲避，以防误伤群众。

四、使用强制手段打击或控制

实施打击或控制是整个使用强制手段程序中最为核心的环节。该环节既需要民警对法律条件与情形的准确把握，又依赖对技能的熟练掌握，同时也是对民警心理素质的考验。在实战中应合理选择强制技术，准确判断强制对象与部位，因情就势做出调整。

（一）选择打击或控制技术

在确认警告无效后，民警不应犹豫不决，而应果断使用强制手段，坚决制止违法犯罪行为。在依据使用强制手段的客观条件和法定情形选择强制手段种类之外，还应考量行为人不法行为的具体情态，选择最具实效的打击或控制技术。如行为人抓扯民警警服纠缠，民警应在解脱后顺势对行为人施以压臂控制。如行为人抡拳殴打民警，民警应果断使用警棍截击技术，保护自身安全。若几名行为人围攻民警，民警应使用催泪喷射器进行弧形喷射，快速解围脱身。同样，决定开枪时，也应评估行为人的暴力侵害手段，选择相对合理的实战射击技术。例如，行为人已着手实施凶杀等严重暴力犯罪行为并危及公民生命安全、来不及警告时，公安民警可运用紧急射击技术，快速出枪、上膛、果断击发，一气呵成。[①]若行为人持刀在极近距离内砍杀民警，民警应运用格挡还击技术，收枪于腰际开枪还击。

（二）确定强制对象与部位

联合国迎战原则规定，开枪应有所控制，不允许不加区别的射击，开枪就必须瞄准目标。香港《警察通例》则告诫警员，要为自己射击的每一发子弹负责，如果没有瞄准目标就不要射击。问题是目标在哪里？如果现场只有一个行为人满足使用强制手段的客观条件，则将其列为强制对象无疑。若有多个行为人则应如何确定强制对象呢？原则上民警应首先射击行为侵害性最强的目标。在侵害性相当的情况下，则选择较容易命中的目标射击。使用其他强制手段也是如此。如现场有多人寻衅滋事，民警应集中优势力量先强行带离气焰最嚣张、最具有鼓动性的行为人。如双方殴斗，民警应使用警棍先首击打暴力侵害手段最凶狠的行为人。

---

① 刘扬．民警在接处警中使用武器的法律条件与行动战术探析．公安教育，2011（1）：34-40.

《规程》第22条和第25条分别规定了，除非必要否则民警使用徒手制止和警棍应避免击打行为人头部、裆部等致命部位。这也是对于比例原则的充分贯彻。而具体到使用武器，打击部位的问题就存有争议了。有研究者主张，使用武器的正当性源于制止暴力侵害之目的，而不是一定要产生某种程度的杀伤效果。因此，打击部位的选择就应秉承这种正当目的。易言之，很多情况下，民警只需要开枪射击行为人非致命部位即可排除暴力侵害[①]。我国香港警察则持相反观点。一位负责训练的高级督察曾坦言，“打手打脚是在拍电影，我们也不会这样教学员”。香港警察机动部队内部训练守则就阐明，“既然开枪是为了中止罪行，那么就应向制停效果最明显的部位射击——T型区域（T zone，人体躯干主体部分即胸腹部）”。

香港警察对这一问题的认识无疑更贴合实战。在警察需要开枪的情形下，双方很可能都在运动，加之光线、障碍物、周围人群等因素影响，对射击部位的要求不应过于严苛。如果开枪是为了制止暴行，那么就应争取击中行为人。向人体着弹概率最大的T型区域射击确实有其合理性，并且该区域中弹后对人体动作机能的影响也较为明显。我国目前尚未见关于使用武器射击部位的具体规定，但最起码不应该做出优先射击四肢等非致命部位的限制性规定。这会让民警开枪时瞻前顾后，民警也不应负有这样的义务。对于准确击打行为人四肢、以最小代价制止暴力犯罪行为的成功案例，我们可以提倡，但绝不应该主张效仿。

（三）调整或停止使用强制手段

Ross Wolf（2008）等人的研究显示，55.5%警察与行为人的武力对抗只使用了一个层级的武力；29.4%的对抗历经了一次警察武力的变更（升高或降低武力层级）；15.1%的对抗事件中，警察做出过两次或以上武力层级的调整。上述数据表明，警察使用强制手段往往不是一个回合就能解决问题的。民警遇行为人推搡时，《规程》规定的合理处置是使用徒手制止。但民警使用徒手制止时也应心存提防，自己的徒手制止很可能遭致行为人更激烈的反抗——拳脚相加。等到事

① 周鹰．警察执法中的最小武力原则．企业导报，2014（23）：156-157.

态升级时民警再提取警棍、升级强制手段很可能已然措手不及。笔者建议，民警使用低层级强制手段的同时，应做好使用高层级强制手段的戒备，或者警组其他成员做好该层级戒备。上述情形若民警使用徒手推开行为人后立即提取警棍戒备则可有备无患。

在“纽约扼喉案”中，警察丹尼尔·潘塔莱奥（Daniel Pantaleo）在与同事一起逮捕非法售卖香烟的埃里克·加纳（Eric Garner）时使用了扼喉动作。加纳倒地后多次恳求对方松手，并喊道：“我喘不过气了”，之后失去知觉。加纳被送到医院后，医生宣布其心脏病发死亡。该事件警示我们，当警察使用强制手段已经达到制止违法犯罪行为并控制事态的目的，且行为人完全听从配合警察命令时应降低强制手段层级或停止使用强制手段，以免造成不必要的伤亡。停止使用强制手段并非停止所有强制手段，而是停止采取继续造成人身伤害的强制手段，并保持必要的戒备动作。在确认危险解除后，民警应使用约束性警械约束行为人并对其人身和携带物品进行安全检查。《规程》第 9 条第 2 款、第 21、27、31 条都有关于调整和停止使用强制手段的规定。民警应不间断地评估研判，灵活地升高、降低或停止使用强制手段以应对现场情况的变化。

五、使用强制手段的事后处置

民警使用强制手段制止违法犯罪行为后，应立即使用约束性警械对有约束必要的行为人进行控制。在进行人身安全检查后，民警应及时对伤亡人员进行救治，对相关物品进行依法处理，规范使用强制措施与后续办案程序有序衔接。

（一）衔接后续措施

使用强制手段后，民警应规范后续处置、与案件办理有序衔接，这就需要民警具备相当的法律素养。依据《治安管理处罚法》规定，对于现场发现的违反治安管理的行为人，民警应对其实施口头传唤。在传唤过程中，民警应明确告知传唤的原因、法律依据、接受传唤的地点。对于无正当理由不接受传唤或逃避传唤的，可以强制传唤其接受调查。对于涉嫌犯罪，符合《刑事诉讼法》先行拘留条件的行为人，民警可对其先行控制，将其带至公安机关后，立即办理立案、拘留手续。依据《治安管理处罚法》第100条、《行政处罚法》第33条、《道路交通安全法》第107条规定，确实符合当场处罚条件的案件，民警可以适用当场处罚。对于符合《公安机关执法细则》中规定的现场调解条件的，民警可居中调解，在双方当事人自愿达成调解协议的基础上，制作《现场治安调解协议书》。

（二）对人员伤亡的处置

因使用强制手段造成人员伤亡的，应依据《规程》第43条规定口头报告所属公安机关，对受伤人员采取救治措施，保护现场、收集证据。口头报告的内容应包括公安民警身份、目前所处位置、使用强制手段情况、人员伤亡情况、现场情况和联系方式等。对于受伤人员，现场民警应当及时采取力所能及的临时救治措施。对于受伤较严重，需要送医院治疗的，应当立即通知急救中心派员抢救。为公平公正地解决争议，民警应及时保护现场，防止证据灭失。同时，民警应对现场目击者、围观人员进行询问，使用录音录像设备对现场情况进行固定。

（三）对涉案物品的处理

根据《刑事诉讼法》《治安管理处罚法》以及有关部门规章的规定，对于违禁品、危险物品，公安机关应当依法收缴或者扣押。民警应注意扣押与收缴的区别：扣押是一种临时性措施，一般有期限限制，主要目的是为了固定、保存证据。当案件办结时，应对扣押的物品予以处理，属于非法所得的，予以没收，属于被害人合法财产的，及时予以返还。收缴是对物品的处置措施，没有期限限制。收缴违禁品、危险物品等目的是防止其流入社会，危害社会治安秩序。对于现场发现的能够成为证据的物品该扣押的依法扣押，该提取的依法提取，并依法出具相关执法文书，将相关物品固定转换为法定证据形式。

第八章

警察使用强制手段的调查与审查机制构建

警察使用强制手段法律规范与事件发生后的调查、审查属于不同层面问题。前者乃事前思考法律规范应当是什么样的；后者是事后思考如何调查和审查警察使用强制手段是否符合既定规范。两者紧密相关，互为依存。易言之，使用强制手段的调查与审查必须以事前确立了明确的法律规范为基础。而明确的规范又为事后调查和审查提供了清晰指引。然而，即便有了事前规范，当警察使用强制手段事件发生后，我们仍面临以下问题：究竟该由谁来主导事件的调查重建？何者主导调查处理程序才能让当事人及社会大众信任？如何设计调查程序才能保证调查结果公正，有效还原事实真相？调查过后应围绕哪些问题进行审查？应赋予审查主体何种权限？审查主体又应秉持何种标准给出审查结论？这些都是本章力求探讨和澄清的问题。

一、警察使用强制手段调查机制的比较考察

（一）各国和地区警察使用强制手段事件调查机制概览

各国家和地区使用强制手段事件调查机制有所不同，笔者谨举有代表性的几例，力求呈现不同调查机制的特点。

1. 美国

以纽约市警局用枪调查程序为例，警察用枪后须立即报告上级长官，其主管须立即进行现场处置，保全现场与各种证据向上级陈报。之后由队长级指挥官成立用枪调查小组负责调查，调查小组指挥官遂与地方检察官取得联系。检察官会对用枪致死、致伤案件建议调查小组不应约谈开枪警察以尊重大陪审团职权，但此间警察仍须提出书面报告。如果开枪致人死伤，警察须接受酒精检验和毒品检验，暂时调整至行政岗位至少 3 日。如果有明显违反法律、警局规范，或有渎职嫌疑，调查小组会与内务部门共同解除警员装备并停止其职务。调查范围包含访谈证人、收集证据、现场测绘、查访医院及枪支与弹道检测。调查结果将作成初步用枪事件调查报告（通常于事发后 8 小时内完成）并于 24 小时内提交警察

局警长。调查报告必须在分析结论中评估用枪事件是否符合警局用枪规范以及开枪警察是否应受行政处罚。

2. 英国

英国警察用枪规范以警察局长协会（ACPO）发布的《警察使用枪支指导手册》为主。依据手册中的规定，警察开枪致人死亡的，为了查明事件真相并提交规范的报告，须进行强制性的事后调查。该调查程序由一个负责对警察机关监督与投诉工作的独立机构——投诉警察独立委员会发起。该委员会由 18 名警察机关和政府机构之外的调查专员组成。此外，该手册还详细规定了调查的范围、调查的程序与要求以及对警务人员可以得到的救济途径。这一系列途径包括提供心理康复和医疗服务；必要时帮助警察委托诉讼代理人；对警察当事人的私人信息给予保密使其免受不必要的困扰；禁止用枪事件相关警察与未参与事件的其他警察交流；委员会必须告知参与用枪行动的警察不得与未参与行动的警察讨论案情等。

3. 香港特别行政区

在我国香港，警察使用武器的主要规范是《警察通例》。就连警察拔枪、举枪都要与开枪一样进行事后报告和展开调查。《警察通令》第 29 — 04（拔出警察枪械或举起警察枪械）第 2 段规定："如警务人员从枪袋拔出枪械或举枪，须在安全时将实情向所属的总区指挥及控制中心报告"；第 3 段规定："警务人员须在拔枪或举枪事件发生后尽快向事件发生地区所属警署的值日官报告。"[①]我国香港对警察使用武器的调查由案件发生地警区指挥官或总区的指挥官（如案件发生地跨多个警区）指派一名警司负责调查，并由其完成初步报告和杂项调查报告。调查组须向开枪警察了解开枪前后经过。在此基础上，负责调查的警司须作成初步报告，并依据各项证据综合评估当时警察开枪是否符合《警察通例》之规范。在详细调查结束后，负责调查的警司须于事件发生后的 21 个工作日内将杂项调查报告送交总区指挥官，并就当事警察开枪的合法性做出评断。

4. 我国台湾地区

我国台湾地区主要依据"端正警察风纪实施规定"和"警察机关勤务督查

---

① 徐丹彤．警察拔枪行为研究．净月学刊，2014（2）：58-64.

实施规定修正规定”相关规定对该类事件进行调查。将警察用枪案件等同重大刑事案件处理，依规定必须通报相关主管、勤务指挥系统、督察系统，通常由各分局长指挥侦查。遇有社会影响深远的事件则报请局长、署长指示是否由刑事警察局或其他单位支援，侦查队长等侦查人员、鉴识中心专业人员组成专案小组。若案情重大引起社会广泛关注，会有地检署检察官、警政署、警察局、分局各层级督察人员、侦查人员再行询问开枪警察。若案情简单或未造成重大伤亡，常常由用枪警察所属单位自行调查及现场处理，再将调查结果移送地检署或告知当事人。如果后续地检署或法院在侦查审理上有疑义时，再请其他鉴识单位或是再行复勘。

（二）警察使用强制手段事件调查模式综述

通过列举上述警察用枪案件调查制度和处理程序可发现，“检察官主导模式”和“委员会主导模式”是较常采用的两种制度，可将其基本特点总结如下：

1. 检察官主导模式

目前实施检察官主导制的国家主要是美国，以科罗拉多州、加利福尼亚州的洛杉矶市和旧金山市为代表。在我国台湾地区的调查机制中也能看到模仿美国的痕迹。在检察官主导制下，警察用枪案件系由地区检察官办公室发起调查程序。检察官办公室会指派检察官到现场指挥案件的调查和现场处理工作。承办检察官依据其权限组织协调调查小组开展工作。调查组成员一般包含政府、议会、律师、实验室、警察安全管理部门、用枪警察所属部门、侦查部门、鉴定部门、督察部门等单位主管。完成案件现场处理、调查、物证鉴定后，由承办检察官将调查及鉴定结果报告检察长。检察长将案件结论撰写成报告向外界公布，当事人及民众均可以看到该报告内容。涉及新闻发布与媒体应对事项也由地区检察官办公室负责。

2. 委员会主导模式

采用委员会主导模式的国家以英国为代表，美国部分州也可见采用该模式的例证。我国香港特别行政区也比较完整地延续了该模式。所谓委员会主导是指由官方授权组成委员会性质的半官方团体，并由该委员会来发动及主导警察用枪案件的调查工作。发生警察用枪案件后，由委员会主席指派委员负责调查，受指派委员立即召集调查小组成员，确定调查团队运行准则、程序等。调查期间委员会及调查团队有权要求警察首长在一定期限内对申诉案件提出相关报告资料，也有权参与案件的访谈及证据调查。完成调查、现场处理、物证鉴定后，委员会以其名义发布调查报告，提供给当事人及其家庭、警察部门及用枪警察，也可提供给政府相关部门。调查结论更可为警方完善训练及执勤行动准则所用，并提供内政部门作为相关业务的年度报告。委员会针对相关议题提出的建议也可作为警察机关改进方针的依据。除机密内容或例外状况，调查报告通常会公开给社会大众。

（三）警察使用强制手段事件调查模式评析

对检察官主导和委员会主导两种调查模式的运作特点进行梳理后，我们应对其优势和缺陷进行评价，以资借鉴。

1. 检察官主导模式

（1）优势

首先，由行政独立性较高的检察官主导警察用枪案件调查及现场处理，不会受其他行政机关左右，在发布调查结果和应对媒体时也可作为较高位阶的回应。检察官调查时，会更多从事件本身出发、对警察用枪行为合法性进行判断，准确把控案件调查方向。这就可以有效避免因舆论压力或政治考量影响调查的客观性和公正性，也不会因为与用枪警察部门有行政隶属关系而偏私袒护。

其次，由专责的检察官统一指挥警察用枪案件的调查及现场处理工作，能够帮助检察官积累处理该类案件的知识和经验。规定当地政府、议会、律师、警察安全管理部门、用枪警察部门、侦查部门、鉴定部门、纪律督察部门等专业单位主管为警察用枪案件调查及现场处理小组成员，由固定专业人员参与同类案件的调查工作，也便于团队积累经验、提升工作效率。

最后，由现有公权组织及其工作人员即可组成调查小组，不需要另行支出经费就能完成调查工作，符合目前政府精简部门的组织政策。与此同时，在现行司法制度下，调查小组成员所作的调查工作、资料均具有司法效力，无须在后续司法侦查中对当事人重复进行调查，可避免对当事人造成二次伤害。

（2）缺陷

一方面，团队成员组成复杂，跨越部门范围甚广，召集会议、协调工作的成本较高而效率相对较低。这在一定程度上可能影响调查工作的机动性和时效性。在调查过程中，多方意见的统合相对也较为困难。如果仅是案情简单、没有争议的警察用枪案件，或没有造成人员受伤，采用这种调查方式就会造成社会资源的浪费。另一方面，调查警察用枪案件涉及的知识繁杂且专业，若仅由值日检察官主导，恐因个人经验与所学受限失之偏颇。若能采取专责检察官负责制，则会突出岗位的专业性、彰显调查结果的公信力。

2. 委员会主导模式

（1）优势

其一，可以有效回应官方调查不够透明的质疑，亦可避免受政治因素干扰，同时可解决民间团体调查不具公信力的问题。例如，英国的“独立检查警方申诉委员会”成员不得在警察部门有任何名义的任职。就属性来说，委员会属半官方的中立团体，就成员来说其委员与警方无任何关系，减少了偏私的可能。相关规定明确了完成调查的期限以及调查需符合比例原则。所有调查环节都是由委员会独立实施，调查结果更容易赢得受害家庭、警察及社会大众的信任。整个事件的来龙去脉也通过各种证据的调查更加明朗化、更具有公信力。

其二，委员会建立了灵活的调查模式，有独立调查、管理调查、监督调查、当地调查四种。委员会可以随时审视案件状况弹性变更调查模式，可能以当地调查开始，视案件情况后续提升为监督、管理或独立调查。委员会还建立有公正的调查准则，包含调查过程中保持证据解释的一致性，不会以警察部门利益来考量，让目击者的证词能够自由陈述等。保证证据的处理，鉴定都能透明化、公开化。

其三，委员会调查人员被授权可以指挥、掌控现场调查工作，也可请求相关领域专家提供专业协助，有效避免专业性不强的问题。因此，委员会的调查能够兼顾结论的公正性和前瞻性，不依事后损益评断，而是依当时情境来判断。委员会认为，开枪警察在现场面临的决策与压力，与平时做开枪训练时截然不同。如果警察在处理案件上并无过错，委员会也会告知当事人、警察单位及社会大众。

其四，委员会的组织和人员虽独立于警方运作，但仍然与警方保持了必要互动。委员会有权调查警察部门内部资源并要求警察部门配合，这对全盘了解警察用枪政策及内部流程，保持调查的完整性有所助益。委员会完成相关用枪案件的调查报告后，还会提供给警察首长协会或训练改革委员会等组织参考。警察单位可依据委员会的调查结果，完善各项执勤或使用强制手段政策的制定，也可以提供基层警察优化自身的执法战术。

（2）缺陷

委员会的经费和人事编列及审核较不固定，若没有长远的规划和明确的规定，容易受外力影响，而影响调查结果的公正性。对于管制枪支的地区来说，民众本身就较难获得枪支，警察执法使用枪支的机会也并不多。成立公正第三团体若仅为处理警察用枪案件，不免让人产生浪费公器、成效不彰的印象。由于委员会的半官方身份，其制作的调查笔录及报告等资料在很多国家不具有司法效力。这使得委员会的调查难以与后续的诉讼程序对接。

二、我国警察使用强制手段事件调查机制的完善建议

2018 年 3 月实施《监察法》以前，我国对于警察使用强制手段造成人员伤亡后的调查主要规定在《条例》之中。《条例》第 12 条第 2 款规定“当地公安机关或者该人民警察所属机关接到报告后，应当及时进行勘验、调查，并及时通知当地人民检察院”。可见，我国就此事项规定较为粗泛。只是明确了当地公安机关或者使用武器的人民警察所属机关在接到报告后，应当及时组织人员赶赴现场进行勘验、调查，不得推诿、拖延，不能敷衍了事。

由于现场勘验是一项实践性、技术性很强的专业工作，必须严格依法、全面细致地进行。然而，至于如何勘验，《条例》并没有细致规定。《条例》释义认为可比照《刑事诉讼法》有关规定执行。侦查人员执行勘验、检查，必须持有公安机关的证明文件。在进行实地勘查和实物检验时，如有必要，可以指派或者聘请有专门知识的人员参加。为了查明事实，还可以进行现场模拟实验。勘验时应当尽量利用文字、绘图、拍照、录像等方法，把现场一切有关联的客观事物详细、如实地予以记载，并应请 2 名与案件无关的见证人到场。人民检察院可以派

员参加。至于执行现场调查的人员组成，指挥与协调关系，检察院何时介入，以何种方式介入等重要事项就没有明确规定了。《监察法》实施以来，警察使用强制手段事件的调查主体发生了很大变化。笔者在剖析现行规定基础上，提出一些完善调查机制的建议。

（一）简化警察使用强制手段案件的调查主体

《监察法》第 11 条第（2）项规定，对涉嫌贪污贿赂、滥用职权、玩忽职守、权力寻租、利益输送、徇私舞弊以及浪费国家资财等职务违法和职务犯罪进行调查。可见，《监察法》实施之初，监察机关完全替代了检察机关负责所有职务犯罪案件侦查。2018 年 10 月 26 日，第十三届全国人民代表大会常务委员会第六次会议审议通过了《关于修改〈中华人民共和国刑事诉讼法 〉的决定》。修改后的《刑事诉讼法》第 19 条第 2 款规定："人民检察院在对诉讼活动实行法律监督中发现的司法工作人员利用职权实施的非法拘禁、刑讯逼供、非法搜查等侵犯公民权利、损害司法公正的犯罪，可以由人民检察院立案侦查。"据此有观点认为，刑讯逼供等侵犯人身权利的职务犯罪侦查权已由监察委返还给检察院。不过，该观点很明显忽视了上述条文中"司法工作人员"的限定作用。

2018 年 11 月 24 日，最高检又发布了《关于人民检察院立案侦查司法工作人员相关职务犯罪案件若干问题的规定》，明确了检察院的管辖范围为司法工作人员涉嫌实施的 14 项侵犯公民权利、损害司法公正的犯罪案件。且非法拘禁罪、非法搜查罪、滥用职权罪、玩忽职守罪四项都被明确备注"非司法人员除外"。根据《刑法》第 94 条的规定，司法工作人员，是指有侦查、检察、审判、监管职责的工作人员。对于其他国家机关工作人员滥用职权罪、玩忽职守罪或者司法工作人员犯滥用职权罪、玩忽职守罪，但未侵犯公民权利、损害司法公正的，不由检察机关管辖，应当由监察机关依法调查处置。[①]

在这种错综复杂的管辖格局之下，警察使用强制手段案件的调查恐怕要"两

---

① 王建平、高翼飞.《关于人民检察院立案侦查司法工作人员相关职务犯罪若干问题的规定》理解与适用.人民检察，2019（4）：56-59.

条腿走路”了。在司法实践中，警察可能因抓捕和讯问而违法使用强制手段，成立刑讯逼供、滥用职权罪。同时，警察也可能在接处警情、盘查可疑人员和车辆、群体性事件的现场管控等行政执法工作中违法使用强制手段，成立滥用职权罪、玩忽职守罪。此外，从已有判决来看，警察违法使用强制手段还可能成立故意伤害 / 杀人罪、过失致人重伤 / 死亡罪。换句话说，按照最高检规定的管辖分配，我们要看民警是在刑事司法活动中还是行政执法活动中使用强制手段才能确定案件管辖单位。

这样一案一议，一方面会耗费资源。使用强制手段案件的现场勘查、后期鉴定等调查环节技术性极强，那么监察委和检察院就要各自准备一套技术团队来应对此类案件调查，而此类案件数量又相对较少。另一方面不利于公安机关接受监督。《条例》中规定，事件发生后公安机关应及时通知检察院，这种监督关系是很明确的。然而，多头管辖就可能发生推诿，监督关系的不甚明确可能最终演变成监督的缺失。现实情况是，侵犯公民人身权利类与贪腐、徇私类职务犯罪的调查技术运用迥异，而检察院又在这一方面已经积累了长期工作经验。笔者建议，应统一由检察院负责对使用强制手段案件的调查。

需要明确的是，笔者并非是重提我国已经开展的“检察院提前介入侦查”，而是建议借鉴域外的“检察官主导制”调查模式，赋予检察院在调查中主导权。也就是检察院应在案件调查中有全面协调指挥现场调查、物证收集、当事人及目击者询问、相关部门配合、消息发布等各方面工作的权力。考虑到案件数量较少，而协调部门较多，又要摆脱各方面因素影响，应将管辖级别设定在市级（设区的市）检察院统一负责本市警察使用强制手段案件调查。此种构架下的调查结果也自然具有公信力。同时，我们还需要适当引入委员会主导模式，统合各专业机关和社会资源，保证调查结果公信力的同时提升调查效能。

（二）明确启动调查程序的方式

检察院启动调查程序的方式既可以是依申请启动，也可以依职权启动。当发生民警使用强制手段事件后，公安机关应通知检察院派专职检察官到场，由其正式启动调查程序。检察院也可能通过各种渠道掌握民警违法使用强制手段线索，可依其职权启动调查程序。为节省司法资源并获得公正客观的调查结论，笔者建议将警察使用强制手段案件分成致人轻伤以下与致人轻伤以上（包含轻伤）两种类型，不能一概而论。致人轻伤以下案件因为不会涉及刑事责任，为避免浪费司法资源，展开公安机关内部调查即可。该调查应由用枪警察所属（县区级或以上）公安机关督察部门依据内部规定进行调查，请求刑侦部门现场勘查人员协助开展。最后将调查结果形成报告，告知机关及当事人。关于内部调查程序，本书不再赘述。

致人轻伤以上案件则应由检察院主导调查。从组织架构上，各地检察院应设独立的案件调查室负责刑讯逼供、暴力取证、违法强制手段等侵犯公民人身权利职务犯罪调查。通过遴选、培训、实务，在该机构内形成一支精于案件调查的专业团队，如电子取证专家、物证鉴定专家、讯问专家等。由专职检察官协调该团队开展工作，从而保证调查职能的专业化。还可根据需要建立专家库，与检察院内部调查团队形成技术优势互补。由承办案件的专职检察官依案情需要在专家库中选材组成调查团队。这样一来，可确保调查中立性、取得社会信赖，又不至于给机构设置带来负担、浪费资源。

（三）提交使用强制手段报告

《规程》第45条规定，现场处置过程中出现人员轻伤、重伤或者死亡的，公安民警应向所属公安机关或现场所在地公安机关提交书面报告。这样做一是便于公安机关全面掌握、分析民警使用强制手段处置的有关情况；二是在有关使用强制手段产生争议的情况下，书面报告可以作为全面说明现场情况的一个重要参考。对于使用强制手段的书面报告内容，《条例》和《规程》都未做明示。笔者建议，至少应明确书面报告的撰写提纲。现场目击或知情的其他民警也应将所见情形报告上级长官并协助调查。

书面报告应包括但不限于下列内容：使用强制手段民警个人情况，包括所在机关、部门、职务、警衔、年龄、姓名、工作经历、参加实战训练情况；武器警械和其他装备配发情况，包括武器警械种类、数量、型号、编号、弹药数量，其他装备种类和数量；相对人的个人情况，包括姓名、年龄、单位、是否持有凶器、有无违法犯罪记录；使用强制手段现场环境，包括时间、地点或场所、现场人员、车辆、地形、现场光线、能见度与天候状况；事件经过，包括民警因何警情或指令介入事件，现场所见所闻尤其是相对人的具体语言、行为，为何做出使用强制手段的决策（如为何拔枪、为何开枪）、使用强制手段前是否经过警告，若未警告理由为何，强制方式（击打、控制、喷射或约束等）与部位，是否变更过强制手段及变更理由；使用强制手段的法律依据，对应《条例》《规程》《规范》等规定指出具体适用的条文；使用强制手段的后果，造成人员伤亡和财产损失情况；采取善后措施情况，是否妥善保护现场、及时抢救伤员、是否立即向当地公安机关或所属机关报告。

（四）调查步骤

民警使用强制手段导致轻伤以上后果的，应于事后及时接受酒精和毒品测试，并暂时调整至行政职务至少 3 日。负责调查的专职检察官立即召集调查小组开展工作。选择便利、适当时间、地点（住处或工作地）询问使用强制手段对象及证人。调查小组于必要时，可询问使用强制手段民警或其他在场民警。实施询问前，应通知受询问民警所属公安机关领导。调查小组于必要时，还可询问使用强制手段民警的上级，以便了解更多背景情况。调查人员应确保证据完整收集、保存及分析，包括现场证人位置及伤患医疗记录等，调查过程中应采取录音或录像手段。指挥中心应提供相关接处警和调度指令记录。刑侦部门应提供相关报告、检验、鉴定结果。对民警与证人或证人与证人之间陈述有不一致情形，应详细记录并深入分析。尽量采取弹道重建、现场复盘等多种方法查清使用强制手段事件经过。调查小组实施调查后，认为民警使用强制手段明显涉嫌犯罪的，应立即报告专职检察官立案侦查，由调查转入刑事侦查阶段。

（五）调查报告

《规程》第 46 条第 1 款对民警使用处置措施现场制止违法犯罪行为的调查报告作出了规定，现场处置出现人员轻伤、重伤、死亡或者已经引发争议、引起舆论关注情形的，应在调查后出具报告。这样，一方面可以通过调查民警使用强制手段是否合法、适当，准确查找执法中存在的问题、总结经验，不断规范民警的现场处置行为；另一方面便于全面掌握事件经过后，及时公布事实真相，回应社会关切、平息争议。《规程》第46条第2款还规定了调查报告的主要内容，一是民警在现场的处置经过；二是处置过程中出现的人员伤亡情况；三是对伤员的救治和通知家属情况；四是公安机关对现场处置情况进行调查的有关工作情况；五是由公安机关对现场处置的民警使用强制手段是否合法、适当做出结论性评价。

上述内容为调查报告所必需，然而考虑到调查报告乃后续审查之基础，往往也涉及公开的问题，应尽可能详尽为宜。笔者建议对调查报告的编写增设以下要求：一是完成调查报告的时限，如调查小组应于事件发生后7日内完成调查报告并提交。忽视时效问题将导致整个调查与审查工作滞后，给公众猜疑和负面舆论发酵留下空间，影响公安机关公信力。二是在调查报告中应突出阐明关键证据摘要、检验鉴定技术方法和分析推理过程，而不是堆砌罗列所有调查工作。这些关键信息对引导审查委员会做出公正审查殊为重要。三是应将调查结论分类，仔细甄别民警使用强制手段存在的问题。如可将调查结论分为完全依法合规使用强制手段，超越法定情形违法使用强制手段，超越必要限度违法使用强制手段、违反法定程序使用强制手段等几类。四是调查小组应在最大限度还原事件基础上给出改进执法的专业建议。具体可包括对训练部门改进警务实战训练的建议，对一线执法部门改进现场处置战术和执法策略方面的建议等。

三、构建警察使用强制手段审查机制的构想

我国尚未建立警察使用强制手段的审查机制，以下笔者将论证建立该机制的必要性，并从组织与权限、审查内容与强度、审查标准等几个问题入手，提出建立审查机制的构想。

（一）构建警察使用强制手段审查机制的必要性分析

对警察使用强制手段进行审查在国外司法实践中屡见不鲜。例如，评判美

国警察开枪合法性，就由用枪咨询委员会与用枪审查委员会进行两阶段审查。最后用枪审查委员会完成最终摘要报告提交警察局局长，就审查意见与结论做成最后决定。而在我国，警察使用强制手段的审查机制尚属空白。笔者认为，有必要在使用强制手段的调查机制之外进一步构建审查机制，原因如下：

首先，调查不等于审查，调查更注重挖掘证据、查清事实，而不是做出法律定性。即便调查小组在调查报告中给出民警使用强制手段的合法性结论，也只是初步的评断。更深层次、更专业的法律判断应由专业的审查委员会做出。其次，在审查过程中，不可避免涉及审查内容、审查标准等影响使用强制手段合法性判断的核心要素。各方观点在这些关键问题上激烈交锋而确立的准则，能够为民警准确把握合法使用强制手段情形、时机和程序提供制度支持。所谓“理越辨越明”。最后，建立审查机制能够促进调查机构和审查机构之间的互相监督、互相制约。审查机构在检视调查报告、相关证据、检验结论时就可能发现调查小组的工作疏忽甚至伪证、枉法行为。同理，如果审查委员会基于调查材料做出显失公正的定性，调查小组亦可提出质疑。如此一来，二者间的监督制衡更可能催生出对使用强制手段的公正评价。

（二）警察使用强制手段审查委员会的组织与权限

既然是与调查小组互相监督制约，审查委员会的人员就不应与调查小组雷同。同时，要对使用强制手段事件进行法律定性还要突出委员会的专业性和一定级别。较合理的构架是由县区级人民检察院对应业务副检察长任委员会主席，加上县区级公安机关督察部门负责人 1 名、刑侦部门负责人 1 名、训练部门负责人 1 名、其他票选委员 2 名和公权机关外部有法律专长学者专家 1 名，组成 7 人审查委员会。

由该审查委员对调查小组上报的案件进行审查。为保证审查工作正常进行，审查委员会应享有以下权限：一是为核实案情与证据，委员会可通知相关民警或鉴定人员到场陈述并提供必要资料；二是对事实不清、证据有瑕疵需要补充调查之处，委员会可退回调查材料责令调查小组在规定时限内补充调查并再次上报；三是委员会有权依据最终审查报告对是否就当事民警提起公诉或作出内部惩处提出建议；四是委员会还可定期召开会议，研究本地区警察使用强制手段合法性状况并向实战部门提出专业意见，向公众定期披露相关数据和年度评估报告。

（三）审查内容与审查强度讨论

综合现有文献分析发现，有以下五项审查内容进入研究者的视野：第一，对使用强制手段过程中的戒备、警示动作进行审查；第二，对使用强制手段的必要性进行审查；第三，对使用强制手段是否超过必要限度进行审查；第四，对使用强制手段程序是否正当进行审查；第五，对使用强制手段的战术运用进行审查。笔者尝试逐一分析上述内容是否有必要纳入委员会审查事项，并就各项在使用强制手段合法性评判所占分量发表一些浅见。

1. 原则上不对戒备、警示进行审查

在我国《条例》和《规程》中，没有关于做出戒备、警示动作后应报告、接受调查甚至接受审查的规定。尤其是没有关于民警拔枪、举枪后应做出报告、接受审查的规定。很多学者认为，这是明显的制度缺陷，是“不应被立法遗忘的角落”。还有学者举出证据：一是基层执法中，已有民警在无须拔枪的情况下肆意拔枪，并以枪支指点行为人大声呵斥，这样的行为实在有损公安机关声誉。二是其他国家有相关立法明确规定只要拔枪就应报告，且警察机关内部应作出调查。

笔者认为，不宜作出此类明文规定，原因如下：首先，我国《规程》和《规范》中已经规定了民警可以拔枪、举枪作出戒备动作的情形，这就相当于已经提醒民警注意相关义务，不要肆意拔枪、举枪要威风、玩特权。其次，如果我们做出拔枪戒备就要报告的规定无疑会束缚住基层民警的手脚。仿佛在传递一种“不到万不得已不要拔枪，否则后续会很麻烦”的信号，这对保护民警现场执法安全不利。再次，这样的规定有悖于警务实战训练一贯秉持的理念。训练要求民警尽可能有预见性地、主动地做出戒备。例如，民警预见到可能发生暴力犯罪行为就可以拔枪。而“预见性”有很强的个人判断在其中，民警也很可能“预见错误”。我们也很难对“仁者见仁、智者见智”的问题进行精确审查。最后，毕竟戒备、警示动作并没有真实处分相对人的权利，没有产生实际危害结果。因此，笔者建议除非有民众投诉民警在完全无须戒备、警示的情况下随意拔枪要威风，否则民警做出戒备动作后无须报告，也不必要对其进行审查。

2. 对使用强制手段的必要性进行独立审查

对使用强制手段的必要性审查包含两个方面的内容：一是是否出现民警可以使用强制手段的情形。如是否出现殴打他人、行凶情形。二是民警使用的强制手段层次和种类是否为制止该情形所必要。如出现殴打他人的情形，使用警棍制止就属必要，而开枪制止则明显没有必要。显然，这是一项重要且必需的审查内容，因为其关系到民警是否认真贯彻比例原则。审查的关键在于，民警是否有“不当用而用”或“越级使用”的情况存在。如果放弃审查这一内容，相当于放任民警滥用强制手段。不仅如此，笔者建议对此项内容做脱离侵害结果审查的独立审查，也就是对使用强制手段必要性给出单独的审查结论。我们可以设想一个极端的情形来说明：行为人实施盗窃行为后逃跑，民警向其开枪制止，然而并未击中行为人，亦未造成任何危害后果。虽然，未造成危害后果，但审查委员会依然应审查民警开枪的必要性，判断盗窃嫌疑人逃跑是否满足使用武器制止的情形。反之，如果因为开枪没有造成任何危害结果，就放弃对开枪的必要性审查，无异于纵容民警违法开枪。

3. 对使用强制手段的限度进行连带审查

警察使用强制手段是借助身体或其他器材发出打击、控制或约束的实力。有这种实力的存在，相对人就有伤亡的可能，这是文明与秩序的代价。因此，不能认为民警使用强制手段造成人员伤亡就属违法，只有造成了不应有的伤亡后果民警才可能负法律责任。同时，还应审查这种不应有的后果与民警使用强制手段的因果关系与主观心态。也就是将使用强制手段的限度与民警的强制行为与主观心态连带审查。同时，笔者认为，应将使用徒手、警械和非规定器材的限度与使用武器的限度分开审查。

徒手控制、警械和非规定器材的正常使用不应产生致命的杀伤，这一点与使用武器迥异。前文已经介绍，《规程》对使用徒手和警械强制都做出了击打部位方面的要求。委员会应首先审查民警是否违反了这种要求，因违反该要求而造成的伤亡结果则属不应有的人员伤亡。其次，对于此类伤亡，委员会还应审查是由民警故意还是过失造成。若民警没有违反该要求，则委员会应进一步审查民警强制行为与侵害后果之间的因果联系。即仔细审查该侵害结果系民警单方所为，抑或相对人反抗、逃跑所致，或者其他外力造成。例如，民警抓捕过程中，嫌疑人奋力挣脱民警控制后逃跑，从落差 2.5 米的平台上跳下，摔致小腿骨折。此类结果就不应属“不应有的人员伤亡”，因为并非民警强制手段行为单方面造成。最后，委员会还应仔细审辩民警的主观心态。易言之，如果民警使用强制手段造成了不应有的结果，是出于主观故意还是过失。

对于使用武器限度的审查不同于对使用徒手控制、警械和非规定器材限度的审查。我国《条例》第 3 条对武器定义为“所称武器，是指人民警察按照规定装备的枪支、弹药等致命性警用武器”。可见，使用武器本身就有致命侵害的可能，这也是使用强制手段所能造成的最大限度侵害。从实战的角度来看，本书第七章也分析过，对于使用武器打击的部位不应做出限制性的规定。因此，笔者认为，对使用武器进行限度审查很不现实，也没有必要。有研究者认为，对于使用武器造成侵害后果限度的审查是“实质”审查，而开枪时是否满足可以开枪的情形是一种“形式”审查。进一步地，该研究者认为，我们不能用形式审查代替实质审查。换句话说，即使我们肯定在一定情形下使用武器合法，也并不必然意味着允许不必要的死伤结果的发生。对此观点，笔者不敢苟同，理由如第七章分析：民警不应负有一边开枪、一边控制开枪造成危害后果限度的义务，民警也无法控制这一点。

4. 对使用强制手段的程序做连带审查

《条例》《规程》《规范》都对使用强制手段做出了程序性规定，委员会理所应当审查民警是否遵守了这些程序规定。对使用强制手段程序的审查应与造成的侵害结果联系起来。有一些程序上的错误与危害结果的出现并无必然关联。例如，民警很可能没有表明身份，或者没有实施警告。我们不能期待行为人知道民警身份后，或者接收了民警的警告就会停止违法犯罪行为，进而民警就完全可以不使用强制手段了，也不会让行为人遭受伤亡损害了。行为人遭受强制手段的侵害结果，不是因为民警程序的疏漏而造成，而是因为其本身就实施了不应该实施的违法犯罪行为。对于这些程序上的疏漏，民警只应承担内部责罚。但是，如果民警没有告知无关人员躲避，而导致误伤、误杀本可以不受伤亡的无关人员，则可能成立过失犯罪。使用强制手段后，民警还负有及时救治的责任。如果民警能施救而未采取任何措施，放任行为人致伤或死亡，则可成立故意犯罪。因此，对于民警使用强制手段的程序审查，委员会同样应联系伤亡结果与民警主观心态仔细甄别。

5. 对使用强制手段的战术运用进行附带审查

附带审查意味着，对行动的战术运用审查强度明显较弱，不将其作为主要的审查事项。考虑到委员会中有训练、行动方面的专家，完全可以利用他们的专业知识为改进战术方面提出一些建议。回顾过往案例发现，民警在此方面也确实有尚待改进的地方。如第一时间识别现场危险因素并做好防范；巧妙地运用执法策略化解对抗而不是一定要使用强制手段；依靠群众工作获取更多信息而避免贸然使用强制手段；适时呼叫增援而不是在没有把握的情况下激化矛盾；在全面评估后合理实施战术撤退等。这些建议本身并不肯定或者否定民警使用强制手段的合法性，但可以改进民警执法的社会效果。

委员会对各种审查内容的审查强度不能等量齐观。原则上不应对戒备、警示动作审查；对使用强制手段的必要性审查是最为核心的审查内容，因此应做独立审查；对于使用强制手段限度和程序审查也有其必要性，但应将民警的强制力行为和引起伤亡后果、民警主观心态联结起来审查，才能明晰相关责任；对于使用强制手段的战术运用审查应属附带性审查，旨在提出合理化建议。

（四）明晰审查标准

明确了审查范围后，委员会面临的问题是“以何种标准进行衡量并给出审查结论”。可以说，审查标准是整个审查机制的核心，其中“判明审查”和“限度审查”的标准又最受学界瞩目。

1. 判明审查：采用“理性警察”标准而不是事后标准

在使用强制手段的程序审查中，对判明情况的审查是学界关注的焦点问题。我国《条例》释义对于判明的解释要求民警“主客观相统一”才算判明。即客观上确实发生了可使用强制手段的情形，而民警主观上对此也持准确判断。在该标准之下，只要民警主客观未能达到统一，就没有判明情况。换句话说，无论出于何种原因，只要判断错误即视为没有判明情况。循此判明的解释思路，与之相关联的审查免不了采用“事后标准”。审查者可通过各种证据还原现场情况，从客观上认定当时是否达到使用强制手段的法定情形，但民警对现场情况所持的认识却难以衡量。民警当时的判断是否达到主客观相统一，也只有民警自己清楚。留给审查者的解决方案仿佛也只能是“借后事推前理”。若现场确实发生了可以使用强制手段的情形，而民警也确实使用了，那么就认定为民警已经判明。反之，则是没有判明。

笔者在第五章中已经论述，上述判明的解释存在问题。从理论上看，它面临认识论上的困难。从实践上看，当事警察的心理、生理反应和环境干扰，都可能使警察无法达到主客观相统一的认识。警察判明的其实是一种客观现实作用在其观念之中的镜像。面对特定的现场情况，警察其实是将这个镜像化的事实代入使用强制手段的法律规范进行涵摄，最终找到理想的武力层级和种类。既然我们承认警察是在上述“镜像”和“涵摄”过程中发现裁量，那么就应重视对警察裁量过程的审查，而不是事后评断。审查者应将自己设想成身处执法情境之中的“理性警察”，考虑相对人的个体状况、行为、周围环境等一切因素的影响，审查警察做出的强制手段裁量是否合理。在这个过程中，程序正义有着比实质正义更重要的价值，刻画真实的执法过程比评判结果是否正确有着更重的分量。当然，为防止个体的恣意，理性警察的视角应该代表着一个受训合格的“平均人”所具有的认知与判断水平。

2. 限度审查：坚持比例原则而不是正当防卫标准

前文已经论述，满足了使用强制手段情形并不意味着可以造成任何程度的伤害。换言之，使用强制手段导致的后果，应当一同作为使用强制手段合法性判断的要素而考虑。但是，这种检视应控制在使用徒手、警械和非规定器材的限度，而不是审查使用武器的限度。问题在于，我们应该用一个什么样的标准来衡量民警使用上述强制手段是否超过必要限度。学界目前存在比例原则和正当防卫两种解释进路，这两种解说又与使用强制手段违法阻却事由的争论裹挟在一起。我国法律先后从正当防卫和职务行为两种角度规定了警察使用强制手段的违法阻却事由。学界也对此问题莫衷一是。无论正当防卫、紧急避险还是依法令行为都有学理上的缺陷。

主张用依法令行为来解决警察使用强制手段违法阻却事由的研究者认为，应适用比例原则来审查使用强制手段的限度。比例原则在限度问题上的适用也被《条例》规定为“使用警械和武器，应当以制止违法犯罪行为，尽量减少人员伤亡、财产损失为原则”。《规程》在此基础上又做了进一步引申，“使用较轻处置措施足以制止违法犯罪行为的，应当尽量避免使用较重处置措施”。同时在使用徒手和警械制止中还引入了“除非必要，否则尽量避免击打行为人头部、裆部等致命部位”的限度规定。在比例原则的标准审查之下，如果行为人的暴力侵害构成使用武器的情形，委员会还应继续审查：民警是否有使用警械制止的可能，民警当时是否携带警械。只要有这种可能存在，民警直接使用武器就有超过必要限度之嫌。

主张正当防卫为违法阻却事由的研究者更倾向于用刑法的正当防卫标准来审查使用强制手段的限度。该观点列举《条例》第 9 条第（10）项规定说明，除了行为主体是人民警察、行为方式是使用武器制止以外，该条规定的内容和刑法中正当防卫的规定其实并无本质区别。质而言之，警察依据此条授权性规定开枪的行为，本质上就是一种面对不法侵害时的正当防卫行为。在我国司法实践中，也有在警察开枪致人重伤或者死亡的争议中，法院依据正当防卫理论解决争议的判例。因此，该说认为以刑法中正当防卫规定为审查标准更妥帖。因为该规定较清楚地区分了正当防卫、防卫过当和无限防卫之间的界限，正是这些细致的界定保证了审查的客观性。此外，刑法对于无限防卫进行了模式化的规定。对比“尽量减少人员伤亡、财产损失为原则”的模糊标准来看，在认定上更加清晰。还有研究者援引了日本、德国、美国、新西兰等相关国家的立法例和学说，证明适用正当防卫来审查使用强制手段限度的优越性。

笔者主张以比例原则作为审查使用强制手段限度的标准。本书第二章已经论证过，依法令行为、正当防卫、紧急避险几种理论在解决使用强制手段违法阻却事由时，各自都有其缺陷。然而，在几种方案中，用依法令行为来解释违法阻却事由的漏洞最小，学界现在也越来越倾向这种解释。那么，我们就应采用行政法上的比例原则作为审查使用强制手段限度的标准，而不是采用刑法中的正当防卫标准，否则会有一种张冠李戴的感觉，此其一也。

此外，刑法中关于正当防卫、防卫过当、无限防卫的划分只适合普通主体，而不适用于警察这一特殊职业群体。例如，普通人遇抢劫行为，即可实施无限防卫，即便造成对方死亡的结果，也不应认定为防卫过当。对于警察来说，问题就会这样简单。民警要判断现行的抢劫行为是否属结伙抢劫或持械抢劫，因为只有这两种抢劫才有使用武器制止的必要。对于研究者认为比例原则审查的标准过严的指责，笔者并不认同。在笔者看来，问题的关键并不在于比例原则的标准太过严苛，而在于我们应该将其放在一种什么样的背景下审查。如果对方持刀抢劫，即便民警携带警棍，我们也不能主张让民警弃枪不用而使用警棍制止犯罪行为。我们应考虑到，民警接受的训练是“对方持刀，警察就应立即拔枪”。还要考虑到民警的个体素质是否允许使用警棍。因此，我们应坚持用比例原则审查使用强制手段的限度，但是应考虑所有相关因素，做出“情境化”的审查。

第九章

警察使用强制手段的法律责任界分

探讨警察使用强制手段的法律责任，一方面突出了警察依法执行职务受法律保护，即明确警察依法使用强制手段造成人员伤亡与财产损失不负法律责任。另一方面凸显了对公民合法权益的保护，即警察违法使用强制手段，将受到法律责任的追究。警察使用强制手段可能产生刑事责任、行政责任、国家赔偿责任。如何区分界定这些法律责任？如何完善相关追责制度，对民警使用强制手段做出公正的法律评价，使同案同判、罪刑相适？尤其是不同违法形态下的罪刑区分，应构成故意伤害 / 杀人罪、过失致人重伤 / 死亡罪、滥用职权罪抑或玩忽职守罪？本章将从这些司法领域中尚存争议，学界又未及时关注的问题切入，尝试对警察使用强制手段的法律责任进行分界。

一、明确依法使用强制手段不负法律责任

警察为了及时有效地制止违法犯罪，使用各种强制手段的行为，是国家赋予警察的一项特别权力，依法使用强制手段应当受到国家法律的保护。也就是说，警察依照法律规定使用强制手段，即使对违法犯罪行为人造成人身伤亡或者财产损失，警察个人不应当承担任何法律责任包括刑事责任、民事责任和行政责任。按照《人民警察法》第 49 条规定，人民警察违反规定使用武器、警械，构成犯罪的，依法追究刑事责任；尚未构成犯罪的，应当依法给予行政处分。《条例》第 14 条也规定，只有民警违法使用警械、武器，造成不应有的人员伤亡、财产损失，才受到行政处分或者承担刑事处罚等相应法律责任。随着执法环境的变化，立法的不断发展，《公安机关维护民警执法权威工作规定》作出了更明确的表述，该规定第 14 条规定，民警按照法定条件和程序履行职责、行使职权，对公民、法人或者其他组织合法权益造成损害的，民警个人不承担法律责任，由其所属公安机关按照国家有关规定对造成的损害给予补偿。

例如，民警在实施强制传唤时，并不知行为人手臂有骨折史。而行为人面对民警的强制传唤奋力反抗，导致手臂骨折。应该明确，行为人手臂骨折这一结

果确属“不应有的人员伤亡财产损失”，正常的强行带离不至于产生如此伤害。但这一结果并非民警使用徒手强制造成。而是由行为人实施的违法行为和其自身身体因素导致。民警无法预见自己的徒手强制动作会使对方骨折这一结果，更缺乏将对方手臂折断的故意。

再如，民警对精神病发暴力伤人的行为人实施保护性约束时遭到反抗，双方扭抱倒地时导致行为人腿部骨折。相关法律规定并未禁止民警在使用强制手段时造成人身伤害，只是禁止其故意造成人身伤害，并要求其尽量减少人身伤害。不能因为出现行为人损伤，就认为相关强制手段超出必要、合理的限度，进而认定民警的行为属于处置不当的违法行为。相反民警采取的强制手段为当时所必需，并未超过必要且合理的限度。此外，民警也没有伤害行为人的故意。在民警执法时，经常会遭遇行为人的暴力反抗，这大大提升了行为人受伤的可能。但这些损伤并非民警故意而为的结果，不应由民警承担法律责任。

二、违法使用强制手段的刑事责任辨析与相关立法建言

对于民警违法使用强制手段的刑事责任不能一概而论。民警在职务状态下和非职务状态下违法使用强制手段性质截然不同，应负的刑事责任也相去甚远。即便在职务状态下违法使用强制手段，也因民警主观过错与客观损害结果不同而有所区别。

（一）警察非职务状态下违法使用强制手段的刑事责任

警察使用强制手段的职务行为是指，民警依照国家法律规定，在履行法定职责过程中使用强制手段。除此情况，民警还可能出于个人目的，在非职务状态下使用强制手段。因此，确定民警使用强制手段的刑事责任首先要准确区分民警是在何种状态下使用，其实就是判断民警是否在依法履行职责。以下行为可确定为职权行为：一是勤务时间内依法履行职责的行为；二是与履行职责不可分割开来的行为；三是勤务时间以外依法履行职责也属于职权行为；四是管辖地域以外

依法履行职责的行为。[①] 在接处警行动、安全保卫任务、卡点堵截与查控勤务、抓捕嫌疑人行动中，民警使用强制手段都是依法履行职责，应认定为职务行为。假设民警下班后在回家途中发现道路交通阻塞，随即亮明警察身份进行疏导，并要求群众予以配合。当遭遇行为人阻挠、推搡、拖拽时，民警使用徒手强制即为履行职务行为，应受法律保护。

如果民警不是在上述职务状态下使用强制手段，行为的法效和责任应归于个人。如民警因为经济纠纷与对方冲突，在打斗中拔出警用多功能刀具（警用匕首）刺伤他人。再如民警因为交通纠纷与对方口角，突然回车内取出警用催泪喷射器向对方喷射。在类似案件中，民警无异于一个普通的个体，虽然有使用警械武器的外部客观行为，但不能将其身份归于公职身份，不能将其行为认定为职务行为。其主观上有明显的故意，同时以侵害他人身体为目的，其财务、报复、情感上的犯罪动机与一般刑事犯罪并无不同。此类行为若无正当防卫、紧急避险等违法阻却事由存在，则应视具体危害结果依法追究法律责任。

此外，我国禁止普通公民拥有警械武器，警察是合法持有该类物品的群体。警察手中的警械武器是公权力和公职身份的象征。在该类案件中还应调查民警所在公安机关是否有过错，或曰是否尽到了严格管理警用装备器材的责任，而不是让民警随意在非职务状态下携带警械武器，危及公民安全。

（二）警察职务状态下违法使用强制手段的刑事责任

在执行职务中，警察违法使用强制手段有着不同的表现。我们应对这些表现归类、分析它们的主客观方面，再结合相关犯罪构成要件确定违法民警刑事责任。

1. 超出法定情形使用强制手段的刑事责任

《条例》《规程》等对使用强制手段的法定情形作出了明确规定，只有在现场发生这些情形时民警才可能依法使用强制手段。若根本没有发生这些情形，而

① 刘林华．追究人民警察违法使用警械、武器法律责任需要正确区分的几个界限．公安研究，1996（4）：29−30+25.

民警使用了强制手段，就是违法使用强制手段。若造成了不应有的严重后果，民警应负刑事责任。例如，行为人实施盗窃犯罪后逃跑，民警在追缉过程中开枪。行为人并未实施严重暴力犯罪，社会危害性不大，逃跑过程中也未危及民警或他人人身安全，并未达到使用武器法定情形。再如，行为人以撕扯、推搡等轻微暴力方式抗拒民警执法，民警却开枪制止了行为人的抗法行为。这也不符合民警使用武器的情形，应使用徒手或警械制止。对此类案件的定罪争议很大，主要有玩忽职守、滥用职权、故意伤害 / 故意杀人几种观点。

首先，玩忽职守是一种过失犯罪，客观表现为不履行或不正确履行自身职责。对照上述行为来看，民警对自身造成的危害后果并非持过失的心态。所以应排除以玩忽职守定罪。

其次，滥用职权罪的表现形式是以不当目的实施职务行为或者是以不法方法实施职务行为。大体可归为以下几类：一是越权处置，擅自决定或处理并无权限的事项；二是以权谋私、假公济私，不正确地履行职责；三是恣意用权，随心所欲行使职权事项；四是故意不履行应当履行的职责，或者说任意放弃职责。需要注意的是，第一种情况中的“越权处置”必须以本人现有的职权为基础，而不是随意安排完全脱离本人职权的事项。[①] 易言之，越权是行为人在实体上或程序上超越了职务上有权处理的限度。超出法定情形使用强制手段就属于越权处置，符合滥用职权罪的主客观表现。然而，该罪的立案标准较高，需要造成死亡 1 人以上，或者重伤 2 人以上，或者重伤 1 人、轻伤 3 人以上，或者轻伤 5 人以上的。如果民警违法使用强制手段仅造成 1 人重伤则无法入此罪。

最后，从犯罪构成的角度看，警察超出法定情形使用强制手段造成严重伤亡的情况也符合故意杀人、故意伤害的主客观要件。当民警追缉盗窃犯开枪时，民警明知道自己使用武器的行为可能造成相对人死亡这一危害后果，并追求或放任这一结果发生。这显然不是一种过失心态，而是主观故意。民警亦不得以缺乏违法性认识为理由抗辩。毕竟警察职业本身就有严格的准入要求，对每一个警察

---

① 张礼萍 . 浅谈玩忽职守罪与滥用职权罪的区别 . 河南社会科学，2006（6）：113–115.

的个体素质都有所期待。警察称“自己不知道对逃跑的盗窃犯开枪是违法的”，无异于驾驶人称“自己不知道超速是违法的”。客观上民警也确实实施了开枪行为，如果造成了对方死亡结果，则确实成立故意死亡罪。虽然犯罪构成角度的解释仿佛无懈可击，但故意伤害 / 故意杀人的量刑较重，且与民警为履行职责、完成执法任务的目的不符。

因此，违法使用强制手段的行为构成了滥用职权罪、故意伤害 / 故意杀人的想象竞合犯。正因为二者有竞合关系，又有各自解决问题时的困难和不足，法官往往会结合具体主客观细节择二者中较合理的方案作出裁判。

2. 超出必要限度使用强制手段的刑事责任

超出必要限度使用强制手段是指客观上发生了使用强制手段的法定情形，民警准确判断并使用了对应层级的强制手段，只是打击力度或部位不当导致了不应有的结果出现。应当承认的是，此情形下民警使用强制手段有合法的部分，但强度和程度超过了必要的限度。此类情况的刑事责任就较难确定，应综合案件主客观细节判定属故意还是过失犯罪。

如警察在拘捕嫌疑人后，决定将其押上警车。嫌疑人在警车门前位置突然坐在地上拒不上车。见此情形警察遂以手臂夹其颈部向车门方向用力，意欲将嫌疑人强力带上车。由于用力过猛，导致嫌疑人颈椎位移并最终瘫痪。评判警察对此结果成故意还是过失不能仅看其箍颈后拉拽这一动作，而应仔细审究警察一连串的押带动作。有嫌疑人坐倒在先，警察动手在后，加之警察当时用力方向，可见警察并非蓄意伤害嫌疑人，而是欲使用徒手强制将其带上警车。考虑到“人体颈椎受到轴向大力拉伸时会导致严重伤害”是一个警察应当注意到的结果，而该警察却并未注意到，警察应成立过失致人重伤罪。

我们还可设想另外一种情形与上述情形相区别。同样是警察押带嫌疑人上警车，警察对于倒地拒不上车的嫌疑人使用了锁喉控制。当嫌疑人脸色逐渐变红并痛苦地反复呼喊“我喘不过气了”后，警察依然没有放松控制。数秒过后，嫌疑人死亡。对于受过职业训练的警察而言，明知长时间锁喉会导致对方窒息。甚至在嫌疑人呼喊无法呼吸后，仍没有放松控制力度，足见其主观上没有考虑避免此危害结果的发生，客观上也没有采取避免结果发生的措施。这种放任的心态当成立间接故意，应视其他情节判定故意杀人或滥用职权罪。

上述两种假设的情形民警都使用了徒手制止，但也都造成了不应有的结果因而具有违法性。因两情形主观方面相异，因而可分别成立过失和故意犯罪。但笔者认为，如若不是可使用徒手强制的情形，而是可使用武器制止的情形，则不应考虑过度使用的责任问题。即人们不能既要求警察开枪，还要求警察控制开枪后的危害后果，如尽量击中行为人四肢。或者说，在能够使用武器的情形下，就根本不存在超过必要限度的问题，更谈不上因此而产生的法律责任。

3. 违反法定程序使用强制手段的刑事责任

在出现了使用强制手段的客观情形后，民警应按照相关程序使用强制手段。本书在上一章中探讨了准备、评估、警示警告、实施打击或控制、善后处置等一系列使用强制手段历经的环节。其中一些环节有着明确的法律规定，如果民警可能履行这些程序规定而实际没有履行，法律上应当做出否定评价。但这种否定评价能否上升到刑律处罚，还需要仔细甄别。例如，民警应当表明身份而没表明，有时间发出警告而没发出警告，属行政程序上的瑕疵。这些程序上的疏漏本身并不会导致严重危害结果，因此不需要考虑什么刑事责任。但有些程序缺失则可能导致伤亡结果，此时就要细查程序缺失与危害结果间的因果联系和民警主观心态再做出裁判。

例如，行为人暴力抗法，民警施以警用催泪器喷射之，喷射后没有及时清洗，后发现行为人眼部出现严重病变。应肯定民警的喷射行为本无法律责任，因为客观上确实达到了使用驱逐性、制服性警械的情形。接下来的问题是，不能因为民警没有及时清洗就认定民警应付法律责任。很可能当时没有条件清洗，也可能行为人自身存在基础疾病导致眼部严重病变，中断了没有及时清洗与眼部严重病变间的因果联系。或者说，如果无法证明危害结果是由违反使用强制手段程序导致的，那么民警就不应负刑事责任。

再如，民警枪击行为人后，应及时进行救治，即便这样行为人还是可能死亡。我们不能主张民警救治不力导致行为人死亡，因为发生死亡结果的根本原因是民警的开枪行为，而开枪本身是合法的。因此，民警只要在力所能及的范围内实施了救治，就应无罪。除非，我们能证明民警有能力施救而不施救，且不施救行为导致了行为人的伤亡。例如，民警抓捕嫌疑人，嫌疑人逃跑过程中落水。民警明明有能力下水救人，但就是见死不救，导致嫌疑人死亡。

最后，对于民警假想判明而造成的人员伤亡，民警不应负刑事责任，而应将其归于意外事件。在诸如行为人持“枪”袭警、持“爆炸物”劫持人质等案件中，行为人所持之枪、爆炸物是真是假实难分辨。民警很可能信以为真开枪制止。我国目前的判明标准依然采用客观确认标准，即要求民警准确判断《条例》中规定的犯罪行为以及犯罪行为人。按照此标准，若行为人持有的枪和爆炸物为假，则民警就没有判明情况，或曰假想判明。由于民警无法预见或注意枪、爆炸物为假，因此不存在故意或过失的主观心态，只能归为意外事件，不负刑事责任。

4. 与未使用强制手段相关的不作为刑事责任

此类刑责并非由民警当使用而未使用强制手段造成，而是由民警的整体不作为造成，未使用强制手段只是不作为中的一项因素。我国现行法律法规也没有“应当”使用强制手段的规定，只有“可以”使用强制手段的规定。笔者也反对将使用强制手段作为一项义务来对待。民警真正负有的是制止违法犯罪行为，减少人员伤亡的义务。如果不使用强制手段也能达到上述效果，民警完全可以放弃使用强制手段。质言之，使用强制手段只是制止违法犯罪行为的一个选项，而不是唯一选项。但探讨未使用强制手段相关的不作为刑事责任依然重要，笔者更多的是想提示基层民警，在一些危险情形下使用强制手段可以安全有效地履行职责。

如民警处置多人打架斗殴警情，由于没有及时果断使用强制手段制止暴力侵害，导致了不应有的伤亡，民警很可能被判玩忽职守罪。又如民警没有规范约束在押嫌疑人，导致嫌疑人有机会自缢身亡，民警的疏忽行为依然可能成立玩忽职守罪。再如在押解途中，由于民警没有对嫌疑人控制到位，导致嫌疑人跳车身亡，民警还是要成立过失犯罪。这些当制止而未制止、当约束而未约束、当控制而未控制的情形警示我们，使用强制手段有时是依法履行职责最有效的工具。如果此时放弃使用强制手段，民警将承受巨大的法律风险。

（三）相关立法建言

由上述分析可见，违法使用强制手段产生的刑事责任既有故意犯罪也有过失犯罪。其中过失犯罪可以判定为玩忽职守罪、过失致人死亡 / 重伤罪，基本能够做到罪刑相适应。而故意犯罪由故意伤害 / 杀人罪、滥用职权罪来解决都不是理想的方案。

具体理由如下：其一，上述几个罪名存在竞合关系，这就为法官的自由裁量留出了很大空间，造成“同案不同判”。这一点在警察违法开枪的案件上表现尤为明显。如违法开枪导致相对人死亡可判滥用职权罪、也可判故意杀人罪，然而两罪法定刑却相差悬殊。

其二，定为故意伤害 / 杀人罪掩盖了违法使用强制手段犯罪的职务基本特征。因为普通故意杀人和伤害罪很难解释违法使用强制手段的动机与目的。我们实在难以将这些动机与目的从警察的职务身份中剥离出去。正如美国警务专家 Plakas V. Drinski（1993）所言，“如果警察不去执法，他们也就不会使用武力了，看起来是警察造成了这些麻烦。但我们要铭记，他们曾宣誓去完成那些执法任务”。

其三，上述定罪没有反映出警察违法使用强制手段侵犯的双重客体。警察在履行职务过程中违法使用强制手段致人伤亡，首先侵犯了公民生命健康权，同时又危害了公权的正当性。民警违反《条例》《规程》等规定使用强制手段的法律后果是国家机关也须背负相应的责任。这种行为扰乱国家机关正常管理秩序，损害国家法制威信，激起公众与国家机关之间冲突和矛盾。[①] 由于上述问题的存在，笔者建议在现行《刑法》中增设职务伤害 / 杀人罪。这样就可以清晰地表征出此罪侵犯的双重客体，有效警示公职人员，还能克服故意受伤害 / 杀人罪和滥用职权罪在评价警察违法使用强制手段上的困难。

本罪在警察违法使用强制手段中可表现为，民警在履行职务过程中滥用职权，故意造成他人不应有的伤亡结果。具体应满足如下几个要件：一是警察履行职务过程中违法使用强制手段才可能成立本罪。警察因为寻仇泄愤、经济纠纷等个人原因使用警械武器依然应认定为故意伤害、故意杀人罪。二是使用强制手段过程中必须有滥用职权的情形发生。这包括超越法定情形使用强制手段，使用强制手段故意超出法定限度，故意违反法定程序使用强制手段。三是本罪属结果犯

---

① 操武斌 . 论职务杀人罪 . 景德镇高专学报，1999（1）：61-64.

罪，必须有他人的生命健康权受到侵犯的实际危害后果发生。具体结果可比照故意伤害 / 杀人的认定标准。四是本罪的主观方面应基于故意。即民警明知自己违法使用强制手段的行为会造成他人伤亡的严重后果，却依然希望或者放任这种结果发生。

三、违法使用强制手段的行政责任与其完善路径

如民警违法使用强制手段但情节显著轻微、危害不大、不符合犯罪构成，则应依照相关行政规定追究民警的行政责任。不负刑责并不意味着没有任何责任。作为公安机关内部处分的行政责任可以严明公安机关纪律，从内部规范民警执法行为。笔者结合《公安机关人民警察纪律条令》（以下简称《条令》）阐述民警违法使用强制手段的行政责任。

（一）追究违法使用强制手段行政责任的条件

《条例》第 14 条规定，人民警察违法使用警械、武器造成不应有的人员伤亡、财产损失……尚不构成犯罪的，依法给予行政处分。"行政处分"也称行政纪律处分，是指民警违反法定义务但尚未构成犯罪，而受到的行政制裁措施。追究民警违法使用强制手段的行政责任应符合以下条件：

1. 客观条件

从客观上讲，民警要有违法使用强制手段的行为且造成了不应有的危害结果，但行为情节轻微或者没有造成严重危害后果。即行为本身已经违反了《条例》《规程》《规范》中的明文规定。若民警合法使用强制手段造成伤害则不应负行政责任。具体可包含以下情况：一是民警超出法定情形使用强制手段，但并未造成严重危害结果的；二是民警超出必要限度使用强制手段，但并未造成严重危害结果的；三是民警违反法定程序使用强制手段，但并未造成严重危害结果的；四是民警当使用强制手段制止违法犯罪行为而未制止，但并未造成严重危害结果的。

2. 主观条件

民警成立违法使用强制手段的行政责任不但要查明其是否有客观上的失职

行为，还须查明其是否有过错的主观心态，即故意或过失的心理认识。故意的心态是指民警明知道自己使用强制手段的行为会造成不应有的人身伤害和财产损失，并且希望或放任这种结果发生的心理状态。过失的心态是指民警应当预见自己使用强制手段的行为可能造成不应有的人身伤害和财产损失，因为疏忽大意而没有预见，或者已经预见而轻信能够避免的心理状态。若同时具备主客观条件，公安机关应根据民警违法失职行为的情节轻重给予行政处分。

（二）现有违法使用强制手段应受行政处分的种类和幅度

根据《公务员法》第 62 条规定，对公务员处分分为警告、记过、记大过、降级、撤职、开除六种。依据《条令》可对应民警违法使用强制手段具体表现作出相应种类与幅度的行政处分。

1. 违反规定使用警械的处分

《条令》第 22 条规定，违反规定使用警械的给予警告或者记过处分；情节较重的，给予记大过或者降级处分；情节严重的，给予撤职或者开除处分。《条令》释义将违反规定使用警械的行为的构成解释为：本行为的主体是公安机关人民警察，本行为在主观方面表现为故意或过失，本行为侵害的客体是社会管理秩序和国家对警械的管理使用制度。本行为在客观方面表现为：公安机关人民警察违反国家和公安部门有关警械使用的法律法规规定使用警械，这些规定包括《人民警察法》《条例》等法律、行政法规以及公安部门制定的规章、规范性文件中关于警械使用的规定。

2. 其他与违法使用强制手段有关的处分

《条令》第 9 条公安机关及其人民警察滥用职权、侵害公民合法权益的行为及其使用的处分种类和幅度中列举了非法剥夺、限制他人人身自由和非法搜查他人身体、物品、住所或者场所的行为。在上述行为中，民警有可能同时违法使用强制手段。该条规定对上述行为给予记过或者记大过处分；情节较重的，给予降级或者撤职处分；情节严重的，给予开除处分。

《条令》第 11 条公安机关人民警察滥用职权，侵害违法犯罪嫌疑人、被监管人员和其他工作对象人身权益的行为及其使用的处分种类和幅度中列举了体罚、虐待违法犯罪嫌疑人、被监管人员或者其他工作对象的行为和实施或者授意、唆使、强迫他人实施刑讯逼供的行为。民警有可能以违法使用强制手段的方式实施上述行为。该条规定对上述行为给予记过或者记大过处分；情节较重的，给予降级或者撤职处分；情节严重的，给予开除处分。

《条例》第 12 条公安机关及其人民警察玩忽职守行为及其使用的处分种类和幅度列举了因工作失职造成被羁押、监管等人员脱逃、致残、致死或者其他不良后果的行为和在执行任务时临危退缩、临阵脱逃的行为。该行为的出现可能伴随着民警应使用约束性警械约束时而未规范约束，应果断使用强制手段制止不法行为时而没有制止的情形。该条规定对上述行为给予记过或者记大过处分；情节较重的，给予降级或者撤职处分；情节严重的，给予开除处分。

（三）完善违法使用强制手段行政责任的路径

从《条令》相关规定可发现，现有行政处分只有针对违法使用警械的处分规定，缺乏违法使用武器、徒手强制的处分规定。与此同时，现有行政处分多是为规范民警使用各种强制措施而设定的，并未直接指向民警违法使用强制手段。这就使一些民警违法使用强制手段的行为逃逸出内部监管与责罚。笔者建议，应从以下角度完善违法使用强制手段行政责任体系。首先，在《条令》中增设违法使用强制手段为一项单独条文凸显其警示作用，而不是与违法使用强制措施混同；其次，在该条文之下应区分超出法定情形使用强制手段、超出必要限度使用强制手段、违反程序使用强制手段等几种情况规定处分；最后，具体列举违法使用强制手段的具体情节和造成的危害后果，明确对应的处分种类和幅度，而不是使用“情节较重”“情节严重”这样含糊不清的表述。总之，行政处分的条件、情形、种类、幅度都应有明确的法律规定。

四、违法使用强制手段的国家赔偿责任与追偿追责制度重塑

《条例》第 14 条规定，人民警察违法使用警械、武器造成人员伤亡或者财产损失，由该人民警察所属机关依照《国家赔偿法》有关规定给予赔偿。从国家

赔偿的条件来看，一是要违法使用警械、武器的行为发生在执行职务过程中。若民警因私人纠纷违法使用警械武器，则属于该民警故意伤害行为，国家不承担赔偿责任。二是此类违法行为必须造成一定的损害后果，如伤害、死亡或财产损失。若满足上两个要件，则赔偿义务机关也就是违法民警所属的机关应向赔偿申请人给予赔偿。

《国家赔偿法》第 3 条第（4）项将“违法使用武器、警械造成公民身体伤害或者死亡的”列为行使行政职权时受害人有取得赔偿权利的情形。第 16 条规定，赔偿义务机关赔偿损失后，应当责令有故意或者重大过失的工作人员承担部分或者全部赔偿费用，并应当依法给予处分；构成犯罪的，应当依法追究刑事责任。《国家赔偿法》第 17 条第（5）项将“违法使用武器、警械造成公民身体伤害或者死亡的”列为行使侦查、检察、审判职权受害人有取得赔偿的权利的情形。第 31 条规定，赔偿义务机关赔偿后，应当向有相应情形之一的工作人员追偿部分或者全部赔偿费用。

人民警察作为兼有行政执法和刑事侦查权的国家机关工作人员，既可能在行使行政权时违法使用强制手段，也可能在行使侦查权时违法使用强制手段。《国家赔偿法》不应对两者做出不同的追偿条件。对行政赔偿的追偿需要具备主观过错要件，而对司法赔偿要求无过错追偿。对行使缉捕疑犯等刑事司法职权时造成不应有的人员伤亡的公安民警行使刑事追偿权，而不问其主观上是否有过错，将会打击民警行使职权的积极性。[①] 此外，仅对违法使用警械、武器进行追偿的制度也并不全面。

笔者建议从以下几个微观角度切入，重塑违法使用强制手段国家赔偿的追偿追责制度：第一，将“违法使用警械、武器造成公民身体伤害或者死亡”修改成“违法使用强制手段造成公民身体伤害或者死亡”，全面纳入各种违法使用强制手段的追偿追责；第二，对司法赔偿设置民警主观过错要件与行政赔偿同样对

① 石均正、张森锋．对无过错违法使用警械、武器的民警刑事追偿质疑——一例国家赔偿案引发的刑事追偿条件反思．福建公安高等专科学校学报，2006（5）：72–74.

待之，维护民警正当权益；第三，对于故意和重大过失的认定，要将主观过错与客观行为危害性结合在一起考察，既摒弃客观归责，也杜绝主观归罪；第四，明辨主观过错程度，在判定“重大过失”时，综合考量违法使用强制手段危害结果的程度与职业要求的注意程度；第五，合理分配主观过错的举证责任，对于违法使用强制手段民警是否具有主观过错以及过错程度的证明责任应当由负责追偿追责的公安机关承担，但责任民警主张存在免责情形的，则由其承担举证责任。[①]

① 李颖丽、贾丽英.论国家赔偿追偿追责在司法实践中的适用.法律适用，2019(5)：12–25.

参考文献

期刊文章

1. 徐丹彤．俄罗斯联邦警察警械使用法律制度及其借鉴意义．上海公安高等专科学校学报，2013，23（4）：88–93.
2. 怯帅卫．复杂社会环境下警察行使武力行为探析．理论月刊，2014（6）：127–131.
3. 杨明．关于警察执法中使用武力问题探讨．广西政法管理干部学院学报，2014，29（6）：81–83+92.
4. 陈安日，魏海亮．基层民警配备泰瑟枪之初步研究．江西警察学院学报，2013（4）：125–128.
5. 徐丹彤．警察开枪条件设定模式研究．云南警官学院学报，2015（1）：94–99.
6. 荆长岭．警察武力之"善法良治"——论警察武力权与人权的价值冲突及基本调适原则．河南警察学院学报，2015，24（3）：65–75.
7. 高琴心．警察武器使用的制度性建构与进路设计．中国人民公安大学学报（自然科学版），2016，22（4）：44–48.
8. 张春豪．警察现场执法中依法使用武力的思考．北京警察学院学报，2016（1）：119–124.
9. 丁灿．警察文化中"枪"的困境——评电影《日照重庆》中对警察武力的表达．湖南科技学院学报，2015，36（12）：21–23.
10. 刘铭，丁翠英．警察执法与警察权威——以轻微暴力妨碍执法为视角的分析．中国人民公安大学学报（社会科学版），2015，31（6）：125–133.
11. 周鹰．警察执法中的最小武力原则．企业导报，2014（23）：156–157.
12. 孙鼎．警务实战武力运用升级问题研究．北京警察学院学报，2016（3）：99–103.
13. 赵杨．论警察武力使用的合法性．法制与经济，2016（9）：169–170+173.
14. ［美］詹姆斯·麦克吉利斯．利用数据指导警察枪械训练．上海公安高等专科学校学报，2016，26（1）：78–83.

15. 赵伟东．论低致命武器在海上执法中的合理使用——以两起韩国海警使用低致命武器致我渔民死亡案例为视角．武警学院学报，2017，33（3）：36-44.
16. 侯延昶．浅议我国警察武力的使用．甘肃警察职业学院学报，2016，14（2）：37-39.
17. 张银福，何杏娜，刘乐斌．运用警械处置精神障碍患者伤人案件研究．中国人民公安大学学报（自然科学版），2016，22（4）：40-43.
18. 戴钧涛．论武力使用立法之完善——以实战教官法治思维为视角．湖北警官学院学报，2017，30（1）：55-61.
19. 黄旭，钟陈，黄晓鹏．香港基层民警武力使用课程研究．云南警官学院学报，2015（1）：43-46.
20. 李志贤．内地与香港警察执法中武力使用技术比较研究．江苏警官学院学报，2016，31（1）：122-128.
21. 贺晓勇，侯冬尽．美国警方如何改善与民众的关系．现代世界警察，2016（8）：68-71.
22. 莫文涛，刘宏斌．内地与香港警察枪支使用比较研究．河北公安警察职业学院学报，2017，17（1）：64-67.
23. 肖唐镖，王江伟．民众示威抗议的警务处置模式之变迁——以美国为例的讨论．湘潭大学学报（哲学社会科学版），2015，39（4）：20-26.
24. 杨文革．程序外剥夺犯罪分子生命问题研究．法学杂志，2011，32（6）：47-50.
25. 冯勇．公安民警违法及不当使用武器现象与对策．公安教育，2011（5）：47-50.
26. 方伟，陈孔凤．构建警犬扑咬法定情形应遵循的法治原则——基于警犬扑咬行为属性的分析．辽宁警专学报，2014，16（1）：27-29.
27. 付新河．公安民警武力手段使用规范之探讨．云南警官学院学报，2012（4）：104-108.
28. 付新河．公安民警执法现场武力手段使用之合法性探讨．公安教育，2012（7）：36-38.

29. 仲崇玲，赵国勇．警察使用枪支的法律规制．河北公安警察职业学院学报，2010，10（3）：61–63.
30. 荆长岭．警察武力之善法良治——论警察武力法的正义价值标准．政法学刊，2012，29（1）：5–13.
31. 黄锦就．控制警察的武力使用．公安学刊（浙江警察学院学报），2010（5）：87–90+108.
32. 王振华．警察遇抗使用武力等级因素分析．公安教育，2013（9）：47–49.
33. 朱庆宾，许金锋．警械配合人道处置——对持刀嫌疑人控制的新策略．公安教育，2013（1）：45–47.
34. 李长城．库比洛夫诉俄罗斯一案判决对我国的启示．江西警察学院学报，2011（4）：112–116.
35. 钱晋军．联合国维和警察与中国警察执法安全理念比较研究．中国人民公安大学学报（自然科学版），2011，17（4）：39–43.
36. 石斌．论警察的实战能力．中国人民公安大学学报（自然科学版），2010，16（02）：62–65.
37. [美]阿恩·汉森．美国警察应对危机事件的策略．警察实战训练研究，2012（5）：90–91.
38. 徐建刚．浅谈我国警察执法中的武力手段．甘肃警察职业学院学报，2010，8（1）：77–80+76.
39. 麻臣．浅析武力使用抉择情景模拟教学模式的构建．吉林公安高等专科学校学报，2012，27（5）：124–127.
40. 戴钧涛．浅议最小武力原则的应用．法制与社会，2010（13）：295.
41. 韩炜灿．浅议司法警察使用警械具应注意的问题．法制与经济（中旬刊），2011（9）：19–20+22.
42. 马顺成．探析警察执法中的最小动用武力原则．吉林公安高等专科学校学报，2010，25（3）：23–27.
43. 朱庆宾．伸缩式警棍武力使用等级与实用技术分析．公安教育，2013（4）：39–42.

44. 周建华 . 拓展训练思路 提升训练水平——参加香港武力使用教官课程训练的思考 . 公安教育，2013（4）：72–75.

45. 顾明 . 香港“武力使用教官训练课程”对公安院校警务技战术教学的启示 . 北京警察学院学报，2014（6）：113–117.

46. 许飞 . 香港和大陆警察武力使用级别对比分析 . 江西公安专科学校学报，2010（4）：17–19.

47. 尹伟，温利 . 有关民警使用枪支存在问题而引发的思考 . 公安教育，2011（7）：36–41.

48. 曾灶松 . 英国警察使用枪支政策评述纲要 . 公安研究，2011（4）：76–84.

49. 李华忠 . 中国警察使用徒手与警械武力的合法性 . 政法学刊，2013，30（4）：16–19.

50. 翟金鹏，史全增 . 大陆与台湾地区警察武力使用法律规范比较研究——以警械和武器使用的立法规制为重点 . 中国人民公安大学学报（社会科学版），2014，30（5）：122–131.

51. 谯冉，白云鹏，李震宇 . 中美警察使用武器裁量权比较研究 . 中国人民公安大学学报（社会科学版），2017，33（6）：98–112.

52. 史全增 . 警察武器使用的裁量问题研究 . 中国人民公安大学学报（社会科学版），2016，32（1）：79–84.

53. 闵丰锦 . 欧洲人权法院视野下的警察掌掴行为——以“伯耶德诉比利时案”为例 . 中国人民公安大学学报（社会科学版），2018，34（1）：32–42.

54. 于改之，蒋太珂 . 论警察防卫行为正当性的判断——以“庆安火车站警察枪击事件”为例的分析 . 法律科学（西北政法大学学报），2016，34（1）：192–200.

55. 孙潇琳 . 论警察使用武力的正当性——以欧洲人权法院博伊德诉比利时案为参照 . 河南财经政法大学学报，2018，33（4）：135–142.

56. 魏海亮 . 警察使用武力裁量之个体危险知觉研究 . 中国人民公安大学学报（社会科学版），2016，32（5）：140–145.

57. 于晓琪 . 最小武力原则下警察执法权的维度 . 理论学刊，2011（11）：78–80.

58. 张礼萍 . 浅谈玩忽职守罪与滥用职权罪的区别 . 河南社会科学，2006（6）：113–115.
59. 李颖丽，贾丽英 . 论国家赔偿追偿追责在司法实践中的适用 . 法律适用，2019（5）：12–25.
60. 廖勇，刘鸣 . 论业务过失犯罪的刑事责任 . 法律适用，2005（5）：45–47.
61. 聂立泽，乐丹 . 过失犯罪中注意能力的判断标准及业务过失的判断基点 . 学术研究，2004（10）：70–74.
62. 张铧允 . 行政刑事责任之内涵界定 . 云南行政学院学报，2017，19（3）：171–176.
63. 王良顺 . 论警察使用警械、武器的法律性质与法律责任 . 武汉公安干部学院学报，2005（4）：47–50.
64. 刘林华 . 追究人民警察违法使用警械、武器法律责任需要正确区分的几个界限 . 公安研究，1996（4）：29–30+25.
65. 邢曼媛，王英松，赵秀清 . 论人民警察违法使用警械、武器的刑事责任 . 警学研究，1997（1）：23–24.
66. 石均正，张森锋 . 对无过错违法使用警械、武器的民警刑事追偿质疑——一例国家赔偿案引发的刑事追偿条件反思 . 福建公安高等专科学校学报，2006（5）：72–74.
67. 李传先 . 法律原则的适用方式及方法 . 前沿，2009（1）：144–147.
68. 梁迎修 . 法律原则的适用——基于方法论视角的分析 . 华中师范大学学报（人文社会科学版），2007（6）：22–28.
69. 曾哲，雷雨薇 . 比例原则的法律适用评析与重塑 . 湖南社会科学，2018（2）：70–76.
70. 秦策 . 法律原则裁判功能之限定 . 江海学刊，2011（6）：152–158.
71. 齐晓霞，栾驭 . 浅析成文法背景下法律原则的适用 . 东岳论丛，2011，32（5）：164–167.
72. 陈林林 . 二元规范理论下的法律原则检讨 . 现代法学，2010，32（5）：33–42.

73. 庞正，杨建．法律原则核心问题论辩．南京师大学报（社会科学版），2010（1）：29–36.

74. 陈林林．法律原则的模式与应用．浙江社会科学，2012（3）：31–37+156.

75. 刘风景．法律原则的结构与功能——基于窗户隐喻的阐释．江汉论坛，2015（4）：114–121.

76. 伏佩宣，张秋燕，浏泓．警察替代性心理创伤干预指南．现代世界警察，2016（5）：60–61.

77.【美】杰夫·麦克吉尔，李一南．快速医治警察心理创伤．现代世界警察，2016（1）：69–72.

78. 王又城．欧美警察亚文化对我国公安队伍建设的启示．河北公安警察职业学院学报，2019，19（4）：18–21.

79. 宋晓辉．警察亚文化对基层警务工作的影响及其应对——以负文化为视角进行的分析．安徽警官职业学院学报，2017，16（1）：47–50+55.

80. 周佑勇．裁量基准个别情况考量的司法审查．安徽大学学报（哲学社会科学版），2019，43（5）：102–111.

81. 周乐军，周佑勇．规范性文件作为行政行为“依据”的识别基准——以《行政诉讼法》第53条为中心．江苏社会科学，2019（4）：147–158+259.

82. 周佑勇，周乐军．论裁量基准效力的相对性及其选择适用．行政法学研究，2018（2）：3–13.

学位论文

1. 逯国亮．比例原则在我国枪械使用中的运用．山东大学，2016.

2. 刘真．风险社会语境下警察使用枪支之程序之完善．吉林大学，2016.

3. 张磊．警察武力执法失范及其规制研究．广东外语外贸大学，2015.

4. 江素利．警察职务防卫的法律问题研究．中国社会科学院研究生院，2015.

5. 林东晓．警枪前的人权——致命武力之法律规制研究．中国政法大学，2012.

报纸文章

1. 郑曦．美国警察执法使用武力有限度．民主与法制时报，2014-12-11（013）．
2. 信海光．警察执法应遵守最小使用武力原则．21世纪经济报道，2011-09-02（004）．

专著

1. 高文英．警察行政法探究．群众出版社，2004.
2. 徐武生，高文英．警察法学理论研究综述．中国人民公安大学出版社，2013.
3. 余凌云．警察行政强制的理论与实践．中国人民公安大学出版社，2007.
4. 陈晓济．警察行政强制法律制度研究．中国政法大学出版社，2011.
5. 【日】盐野宏著，杨建顺译．行政法．法律出版社，1999.

英文文献

1. James, L., Klinger, D. and Vila, B. Racial and Ethnic Bias in Decisions to Shoot Seen Through a Stronger Lens：Experimental Results from High-fidelity Laboratory Simulations【J】. Journal of Experimental Criminology, 2014（10）：323－340.
2. Thomas J.Bernard and Robin Shepard Engel.Conceptualizing Criminal Justice Theory【J】.Justice Quarterly, 2001（1）：1-30.
3. Eugene A. Paoline, III and William Terrill.Police Education, Experience, and the Use of Force【J】.Criminal Justice and Behavior, 2007（2）：179-196.
4. David A. Klinger and Rod K. Brunson.Police Officers' Perceptual Distortions During Lethal Force Situations：Informing the Reasonableness Standard【J】. Criminology & Public Policy, 2009（1）：117-140.
5. Daniel Kahneman.Thinking, Fast and Slow【M】.New York：Farrar, Straus and Giroux, 2011：121.

6. Daniel P. Mears, Miltonette O. Craig, Eric A. Stewart and Patricia Y. Warren. Thinking Fast, not Slow：How Cognitive Biases May Contribute to Racial Disparities in the Use of Force in Police–citizen Encounters【J】.Journal of Criminal Justice, 2017, Volume 53：12–24.

7. White, Michael D and Klinger, David. Contagious Fire? An Empirical Assessment of the Problem of Multi–shooter, Multi–shot Deadly Force Incidents in Police Work【J】.Crime & Delinquency, 2012（2）：196–221.

8. James, L., Vila, B. and Daratha, K.Influence of Suspect Race and Ethnicity on Decisions to Shoot in Gigh Fidelity Deadly Force Judgement and Decision–making Simulations【J】. Journal of Experimental Criminology, 2013（2）：189 – 212.

9. Lorie Fridell and Hyeyoung Lim.Assessing the Racial Aspects of Police Force Using the Implicit– and Counter–bias Perspectives【J】. Journal of Criminal Justice, 2016（4）：36–48.

10. Sampson, Robert J. Linking Time and Place：Dynamic Contextualism and the Future of Criminological Inquiry【J】.Journal of Research in Crime and Delinquency, 1993（4）：426–444.

11. Ariel, Barak, Sutherland，Alex and Henstock, Darren. Report：Increases in Police Use of Force in the Presence of Body–worn Cameras Are Driven by Officer Discretion：a Protocol–based Subgroup analysis of Ten Randomized Experiments【J】. Journal of Experimental Criminology, 2016（3）：453 – 463 .

12. Sadler, M. S., Correll, J., Park, B. and Judd, C. M.. The World Is not Black and White：Racial Bias in the Decision to Shoot in a Multiethnic Context【J】. Journal of Social Issues, 2012（2）：286 – 313.

13. David Klinger, Richard Rosenfeld, Daniel Isom and Michael Deckard.Race, Crime, and the Micro–Ecology of Deadly Force【J】.Criminology & Public Policy, 2015（1）：193–222.

14. Cordner, Gary, et al.. Community Policin【J】.Oxford Handbook of Police and Policing, 2014（4）：148–171.

15. Fyfe, James J.. Blind Justice: Police Shootings in Memphis【J】. Journal of Criminal Law and Criminology, 1982（2）: 707 - 722.

16. Skogan, W.. Why Reforms Fail【J】. Policing & Society, 2008（1）: 23–34.

17. Jennings, Jay T and Rubado, Meghan E..Preventing the Use of Deadly Force: The Relationship between Police Agency Policies and Rates of Officer-Involved Gun Deaths【J】.Public Administration Review, 2017（2）: 217 – 226.

18. Lipsky, Michael.Streel-level Bureaucracy: Dilemmas of the Individual in Public Services【M】.New York:Russell Sage Foundation, 2010: 275.

19. Weitzer, Ronald, Tuch, Steven A and Skogan, Wesley G.Police - Community Relations in a Majority-Black City【J】.Journal of Research in Crime and Delinquency, 2008（4）: 398 – 428.

20. Jason Robert Ingram, Robert R. Weidner, Eugene A. Paoline III and William Terrill. Supervisory Influences on Officers' Perceptions of less Lethal Force Policy: a Multilevel Analysis【J】.Policing: An International Journal of Police Strategies & Management, 2014（2）: 355–372.

21. Morrison, G.B.. Police Department and Instructor Perspectives on Pre-service Firearm and Deadly Force Training【J】.Policing: An International Journal of Police Strategies& Management, 2006（2）: 226–245.

22. Lee, H., Vaughn, M.S..Organizational Factors That Contribute to Police Deadly Force Liability【J】. Journal of Criminal Justice, 2010（2）: 193–206.

23. Hoon Lee, Hyunseok Jang, Ilhong Yun, Hyeyoung Lim and David W. Tushaus.An Examination of Police Use of Force Utilizing Police Training and Neighborhood【J】. Policing: An International Journal of Police Strategies & Management, 2010（4）: 681–702.

24. Melissa S. Morabito, Kelly Socia, Amanda Wik, William H. Fisher. The Nature and Extent of Police Use of Force in Encounters with People with Behavioral Health Disorders【J】.International Journal of Law and Psychiatry, 2017（1）: 31–37.

25. Alpert GP and Smith WC. How Reasonable is the Reasonable Man?: Police and

Excessive Force【J】.The Journal of Criminal Law and Criminology, 1994（2）: 481－501.

26. Worden, R.E. Situational and Attitudinal Explanations of Police Behavior: a Theoretical Reappraisal and Empirical Assessment【J】. Law & Society Review, 1989（4）: 667–711.

27. Friedrich, R. J. Police use of Force: Individuals, Situations, and Organizations【J】. Annals of the American Academy of Political and Social Science, 1980（1）: 82–97.

28. Terrill, W. and Mastrofski, S.D. Situational and Officer–based Determinants of Police Coercion【J】. Justice Quarterly, 2002（2）: 215–248.

29. Terrill, William, Alpert, Geoffrey P. and Dunham, RogerG. A Management Tool fo r Evaluating Police Use of Force: An Application of the Force Factor【J】.Police Quarterly, 2003（2）: 150－171.

30. Terrill, William and Reisig, Michael D. Neighborhood Context and Police Use of Force【J】. Journal of Research in Crime and Delinquency, 2003（3）: 291－321.

31. Robin S. Engel and Michael R. Smith. Perceptual Distortion and Reasonableness During Police Shootings: Law, Legitimacy, and Future Research【J】. Criminology & Public Policy, 2009（1）: 142–151.

后 记

笔者首先要感谢中国人民公安大学出版社对于本书出版的支持，是该机构给予本书和读者见面的机会。2006年，笔者到辽宁警察学院开始了公安教育工作生涯，教授的第一门课程就是警务基础射击，后来又先后承担了警务实战射击、警械使用、警务战术等技能类课程的教学工作。在这些课程的教学中，笔者尽力做到动作规范、讲解清楚、组训严谨，自以为如此就是一名合格的警务技能教师了。在一次警衔晋升培训课上，一位基层民警跟笔者分享了他因把握不清开枪时机而被嫌疑人砍伤的经历。民警褪去外衣漏出伤疤的一幕至今仍然撼动笔者的内心。“警察什么时候才能开枪”“满足了什么样的条件才能开枪”“对什么样的对象才能开枪”，这些问题拷问着多少同袍的赤诚，也煎熬着笔者的内心。

要探寻这些问题的答案不但需要相当的法学基础，还要通晓基层执法实践，也要掌握使用各种强制手段的方法技能。感谢辽宁警察学院警察训练系的一道同人，尤其是警务战术教研室的各位老师，正是在与他们的集体备课和切磋教学中，笔者系统掌握了各种强制手段技能，获得了对于警察使用强制手段的感性认识。感谢靳建辉教授和闫立新副教授两位亦师亦友的兄长，他们的耳提面命让笔者快步走过了学术写作的入门阶段。然而，对于一个哲学硕士来说，要剖析那些艰深复杂的法律问题谈何容易。恶补法学基础知识成了笔者教学之余最重要的事，而重中之重当属行政法和法理学知识的学习。

笔者一边自学、一边尝试着将法律知识和技能战术融合在一起，写作一些剖析实战案例，提出执法建议方面的文章。再以这些经验与基层民警交流探讨，收获了诸多有见地的观点、激发灵感的争论，当然也深感自身不足。此后，笔者又承担了“警务实战行动法律法规”课程的教学任务，并面向基层民警讲授“民警使用警械武器的法律依据及其实战运用”培训专题。在教学任务的推动下，笔者继续学习法学理论，观察基层警务实践，渐渐构建起本书研究问题的基本框架。期间，还有更大胆的尝试上演，如参加国家司法考试、参加宪法学与行政法学和警察法学方向的博士入学考试。不过都以落榜告终。

2017 年，笔者有幸得到了国家留学基金委资助的公派访学研修机会，这里要感谢美国辛辛那提大学刑事司法学院院长 Latessa 教授和 Engel 教授，是他们给予我这次宝贵的访学机会。本书的材料收集和初稿也成形于访学期间。幽暗宁静的俄亥俄河、肃穆古老的公立大学图书馆、宜人的气候，阅读和写作成为发自心底想要做的事。刑事司法学院良好的研究设施与文献资源、科学务实的学术氛围让人坐守着青灯黄卷亦不觉伶仃孤苦。期间还有颇为意外的收获，在关注美国警察武力使用实证研究的学术进展后，笔者不禁感叹“原来文科研究还可以这么搞”。于是，美国同行的研究成果进一步拓宽了本书的研究视角。回国后，由于工作岗位调动，本书的写作一度处于搁置状态，未能一鼓作气、终稿成书着实让人遗憾。

当时间再次来到庚子年，中华大地面临着疫情的严峻考验。面对那些逆行的身影、感人至深的事迹、“不计酬劳、无论生死”的崇高和豪迈，笔者扪心自问，我们这些人文社科研究人员能为国家贡献什么，担当什么？“躺着不动别添乱”恐怕只是一种“最低要求”。防疫形势下深居简出的日常生活让笔者重新拾起本书的初稿，静心续写那些中断的思索，完成读者面前的这本小书。孙宪忠教授曾论道，现代社会的法律规则不但包含着深厚的人文主义精神，而且包含着复杂、精细的分析和裁判规则，所以法律规则自然是科学的产物。法学家也是科学家，应坚持法律的科学性，讲真话。也许穷毕生之力也无法迈进法学家的行列，但这并不妨碍笔者以如此高远又脚踏实地的标准来要求自己——以科学的精神和态度对待自己的研究，尽最大努力去讲真话。

刘　杨

2021 年 9 月